Ein
Ketzer
in
Katholien

Das kritische Sachbuch

Waldemar Fraschke

Aktualisierte, Ergänzte, Umstrukturierte Ausgabe des Buches „Wäre Jesus heute katholisch?" 2021 vom gleichen Autor veröffentlicht unter dem pseudonym Arian Waldes.

GEWIDMET DEN OPFERN

KIRCHLICHER MACHTANMAßUNG

Ein
Ketzer
in
Katholien

Das kritische Sachbuch

Waldemar Fraschke

2023

Impressum

© 2023 Waldemar Fraschke

Herstellung und Verlag:

BoD – Books on Demand, Norderstedt

ISBN: 9783741284984

Vorwort

Ein Ketzer in Katholien

Würde Jesus das kirchliche Leben, die Ausübung der katholischen Religion, Aufbau und Struktur der römisch-katholischen Kirche beobachten, was würde er davon halten? Viele Dinge und Ereignisse in der katholischen Kirche würden ihm sehr gefallen, z.B. die Aktivitäten in den Pfarrgemeinden, die Einbeziehung und Mitwirkung aller Altersgruppen, Männer, Frauen, Jugendliche, Kinder und besonders das soziale Engagement, die Hilfe für Jugendliche, Alte, Arme und Kranke.

Was ihm nicht gefallen würde, sind die zweifelhaften Begründungen vieler Dogmen und Aktivitäten, der Anspruch des Alleinseligmachenden, der tausendfache Missbrauch von Jugendlichen, die Diskriminierung von Frauen, die Rituale, die standardisierten Gebete, die Ausnutzung ihrer Machtposition, der zur Schau gestellte Protz und Prunk sowie der materielle Reichtum. Die Ausschmückung vieler Kirchen dient ja nicht nur der Lobpreisung Gottes, sondern der Darstellung von Macht und Einfluss der römisch-katholischen Kirche.

Den letzten Anstoß zu diesem Buch gaben mir die Aussagen der katholischen Kirche, sie habe keine Vollmacht Frauen zu weihen und keine Vollmacht homosexuelle Partnerschaften zu segnen. Als Begründung wurde gesagt, Segnungen seien nur möglich, wenn damit den Plänen Gottes gedient sei. Woher kennt die katholische Kirche diese Pläne Gottes? Welche Vollmachten hat die Kirche erhalten? Welche Vollmachten hat sie nicht? Antworten darauf suchte ich in der katholischen Bibel und Fachliteratur und konnte dabei die vielen Widersprüche zwischen katholischen Dogmen und den Aussagen der katholischen Bibel erkennen. Meine eigenen Glaubenszweifel wurden durch diese Arbeit bestätigt und führten zu meinem persönlichen Glaubensbekenntnis.

Ich hoffe die Leser dieses Buches zum Nachdenken über die Aussagen ihrer Kirche und ihren persönlichen Glauben anregen zu können.

Waldemar Fraschke, Regensburg, im Januar 2023.

Verwendet wurden in diesem Buch Informationen aus der örtlichen Presse „Mittelbayerische Zeitung", aus der „Stuttgarter Zeitung", aus der „Süddeutschen Zeitung" sowie aus dem monatlichen Informationsblatt der Priesterbruderschaft St. Petrus. Weitere verwendete Publikationen wie katholische Bibel, Fachliteratur u.a. sind unter Bibliografie aufgeführt.

Aus WIKIPEDIA, abgerufen 30.01.2023, 15 Uhr:

Ketzer:

Ein Ketzer (oder Häretiker) ist laut Duden jemand, der „von der offiziellen Kirchenlehre abweicht", oder allgemeiner jemand, der „öffentlich eine andere als die in bestimmten Angelegenheiten für gültig erklärte Meinung vertritt". Der Glaube oder die abweichende Meinung des Ketzers wird als Ketzerei oder Häresie bezeichnet.(…).
Wegen ihrer abwertenden Bedeutung im kirchlichen Sprachgebrauch werden die Bezeichnungen Ketzer und Ketzerei heute in wissenschaftlicher Fachsprache zugunsten der neutraler wirkenden Fremdwörter Häretiker und Häresie vermieden.

Inhaltsverzeichnis

1. Berichte aus Katholien ___ 1

Das Land Katholien ___ 1
Bischof, Fürstin, Papst ___ 2
Priester, Pfarrer, Diakone ___ 9
Kirchliches Gemeindeleben ___ 12
Besondere Ereignisse ___ 20
Brauchtum und Aberglaube ___ 24

2. Katholische Spezialitäten ___ 33

Papst und Vatikan ___ 33
Maria und Josef ___ 36
Heilige Messe und Sakramente ___ 39
Eucharistie und Abendmahl ___ 42
Die geweihten Männer ___ 44
Dogmen und Verfluchungen ___ 47
Sünden, Fegefeuer, Hölle ___ 51
Beichte, Buße, Ablass ___ 54
Heilige und Reliquien ___ 59
Wunder, Wallfahrt, Prozessionen ___ 63
Ketzer, Hexen, Ökumene ___ 69

3. Synodaler Weg _____ 75
   Missbrauch durch Kleriker _____ 75
   Vertuschung, Schuld, Sühne _____ 82
   Reformversuche und Widerstand_____ 85

4. Merkwürdigkeiten der Bibel _____ 102
   Altes Testament _____ 102
   Neues Testament _____ 119

5. Glaube, Zweifel, Freiheit_____ 139

6. Morsche Fundamente _____ 148

7. Bibliografie_____ 150

1. Berichte aus Katholien

Aufgewachsen in einer evangelisch-lutherischen Familie, war ich als Jugendlicher ganz selbstverständlich Mitglied bei den Christlichen Pfadfindern und im Posaunenchor unserer Kirchengemeinde in einer Kleinstadt bei Hannover. Seit den 1970er Jahren lebten wir im protestantischen Teil Baden-Württembergs in der Nähe von Stuttgart. Hier war unsere Familie (Ehefrau und zwei Töchter) aktiv in Kirchenchor, Gemeindearbeit und Ökumenischer Sozialstation. Der größere Teil unseres Freunde- und Bekannten-Kreises war ebenfalls protestantisch. Katholisches, bayerisches Gemeindeleben kannten wir bis dahin garnicht. Erst als wir im Jahre 2019 aus familiären Gründen zu unserer Tochter nach Regensburg zogen, lernten wir hier in der Bischofsstadt und den umliegenden Ortschaften dieses besondere katholische, bayerische Gemeindeleben kennen.

Das Land Katholien

Mit dem von mir „Katholien" genannten Land ist das Gebiet um Regensburg herum gemeint, das dem Verbreitungsgebiet der hiesigen Tageszeitung „Mittelbayerische" entspricht. Aus dieser Zeitung habe ich die meisten Informationen entnommen über das Gemeindeleben in Regensburg und den vielen kleinen Ortschaften rings umher. Dieses Gebiet ist größer als der Landkreis Regensburg, aber kleiner als die Diözese Regensburg insgesamt. Es repräsentiert aber, so hoffe ich, einen typischen Teil des katholischen Bayern.

Das Bistum Regensburg gehört zu den ältesten in Deutschland und ist flächenmäßig das größte in Bayern mit ca. 1,1 Mio. Katholiken. Es umfasst große Teile der Oberpfalz und Niederbayern und reicht ein wenig nach Oberfranken und Oberbayern hinein. Im Jahre 2021 haben sich hier ca. 14000 Gläubige aus der Mitgliedschaft verabschiedet. Im Januar 2022 richtete das Bistum daher ein „Austrittstelefon" ein, um die Menschen zu erreichen, die sich den Austritt vorgenommen haben.

Berichte aus Katholien

Das Bistum Regensburg finanziert über 600 Pfarreien, 400 Kitas, 62 Schulen, die Katholische Jugendfürsorge und die Caritas. 2018 gab es Gesamterträge von 378 Millionen Euro, davon 315 Millonen als Kirchensteuereinnahmen. Das Eigenkapital des Bistums beträgt ca. 900 Millionen, das Nettovermögen zur freien Verfügung ca. 155 Millionen Euro. Das Wertpapier-Anlagevermögen beträgt 1,32 Milliarden Euro. Gebäude und Grundstücke der Kirchengemeinden sind jedoch nicht mit dem Marktwert bewertet; Experten schätzen den Marktwert auf zweistellige Milliardensummen.

Im Dezember 2019 bittet das katholische Pfarramt St. Paul in Regensburg alle Pfarrangehörigen über 18 Jahre, (sofern ihr Einkommen den Betrag von jährlich 1800 Euro übersteigt) um das jährliche Kirchgeld, das zur Bestreitung der Personal- und Sachkosten dienen soll. Ist es nicht beschämend, dass Menschen mit lediglich 150 Euro Einkommen im Monat von dieser reichen Kirche um Kirchgeld angegangen werden?

In Regensburg gibt es eine Katholische Hochschule für Kirchenmusik, die Fakultät für Katholische Religion der Universität Regensburg sowie den weltberühmten Chor der Domspatzen. Die Bischöfe der Bistümer Regensburg (Bischof Voderholzer), Passau (Bischof Oster), Augsburg (Bischof Meier) und Eichstätt (Bischof Hanke) gelten als konservativ.

Bischof, Fürstin, Papst

Der Bischof

Rudolf Voderholzer wurde Im November 2012 von Papst Benedikt XVI. zum Bischof von Regensburg ernannt. Er wurde dadurch zum Nachfolger des Heiligen Wolfgang, des Bistumgründers, der um das Jahr 900 lebte. Als im November 2019 der „Synodale Weg" der katholischen deutschen Bischöfe ins Leben gerufen wurde, äußerte Bischof Rudolf dazu in der lokalen „Mittelbayerische Zeitung" als einer der Ersten seine großen Vorbehalte und Skepsis.

Berichte aus Katholien

Er fordert als Voraussetzung für einen Dialog zwischen Kirchenvolk und Bischöfen die Bejahung der Prinzipien der katholischen Glaubensbegründung, die sich auf Schrift, Tradition, Lehramt, Konzilien etc. beruft. >>> Wenn das wirklich die Voraussetzungen für einen Dialog über Veränderungen sein sollen, braucht dieser erst gar nicht stattzufinden, denn die Beachtung dieser Prinzipien als ewig unveränderlich lässt eben niemals Veränderungen zu. Vor 500 Jahren sind schon Martin Luther und viele Andere mit ihren Reformforderungen an diesen Prinzipien gescheitert.

Im März 2020 unternimmt Bischof Rudolf eine Pilgerreise nach Cuba, um dort bedeutende Stätten des christlichen Glaubens zu besuchen. Ostern 2020 kündigt er an, nach überstandener Pandemie eine diözesane Dankwallfahrt zu begehen, zu der er jetzt schon einlädt. Der Ostergottesdienst im Dom musste ohne Gläubige gefeiert werden. Der Bischof sagte u.a.: „Die Pandemie und ihre Auswirkungen sind die Folge einer Kette von Schuld und menschlichem Versagen (…)". Die Frage, ob die Pandemie eine Strafe Gottes sei, hat er verneint.

Im Gottesdienst am 1. Mai 2020 findet die Erneuerung der Marienweihe der Diözese Regensburg statt. Maria ist die Schutzpatronin Bayerns. „Diese Weihe an die Mutter Gottes ist eine Art Lebensübergabe und vertraut eine einzelne Person oder auch ganze Völker dem Segen und Schutz Mariens an" erklärt dazu der Domkapitular. Bei der Marienweihe wird der Bischof eine große Anliegenkerze entzünden. Sie steht für die Anliegen vieler Gläubiger, insbesondere mit Blick auf die Corona-Krise.

Der Regensburger Krippenverein hat im November 2020 in der gesamten Innenstadt an 61 Standorten 80 Weihnachtskrippen aufgebaut. Diese Krippenausstellung wurde vom katholischen und dem evangelischen Bischof gemeinsam eröffnet. Am Heiligen Abend um 22 Uhr zelebrierte Bischof Rudolf im Dom ganz alleine die Christmette. Die Live-Übertragung im Internet wurde von schätzungsweise 100.000 Menschen gesehen.

Berichte aus Katholien

Der Bischof verärgerte jedoch durch seine Predigt viele Gläubige weil er sagte: „…dass zur Repräsentation Christi, des Hauptes der Kirche, von seiner natürlichen Zeichenhaftigkeit her das männliche Geschlecht gehört." Damit begründete er ganz deutlich, warum Frauen in der katholischen Kirche nicht zu Priestern geweiht werden.

Der 19.2.2021 ist der 70. Jahrestag der Aufführung des Films „Die Sünderin" (mit Hildegard Knef) in Regensburg. Vor 70 Jahren forderten katholische Sittenwächter das Verbot weiterer Aufführungen dieses Films und der damalige Oberbürgermeister Zitzler (CSU) gehorchte. Demonstranten, die dagegen protestierten, wurden mit Knüppeln und Gewehrkolben verprügelt. Schließlich hob der Stadtrat das Verbot auf. Man wollte sich nicht länger von der katholischen Kirche vorschreiben lassen, welche Filme man anschauen durfte.

Anfang März 2021 veröffentlicht die „Mittelbayerische" eine Zuschrift der Gruppe „Laienverantwortung Regensburg". Dort heißt es unter anderem: „Viele der Kleriker tun so, als ob sie allein die Kirche seien. Dieses Virus hat ihnen der unselige ehemalige Bischof Gerhard Ludwig Müller eingepflanzt (…) damit vermitteln sie (…) den Eindruck, nicht die vom Konzil propagierte „Volk-Gottes-Kirche" sei die Kirche heutiger Tage, sondern die alte „Priester-Kirche."
>>> Dazu schreibt der Apostel Paulus (1 Korinther 12, 13): „Durch den einen Geist wurden wir in der Taufe alle in einen einzigen Leib aufgenommen, Juden und Griechen, Sklaven und Freie; und alle wurden wir mit dem einen Geist getränkt." Das bedeutet doch, dass alle Getauften Glieder des Leibes (der Kirche) sind, nicht nur die Priester. Von Müller stammt auch die spöttische, abfällige Aussage, manche Initiatoren des Synodalen Weges hielten sich für intelligenter als Gott…!

Im September 2021 will Bischof Rudolf mit Pilgern des Bistums eine große Wallfahrt unternehmen. Die Ziele sind Santiago de Compostela, Fatima und Lissabon. Zahlreiche weitere Sehenswürdigkeiten sollen erlebt, gemeinsame Gottesdienste an den Pilgerorten gefeiert werden.

Berichte aus Katholien

Im Februar 2022 löst Bischof Voderholzer einen Proteststurm aus mit der Aussage „…dass 1973 die Strafrechtsreform Kindesmissbrauch nicht mehr als Verbrechen eingeschätzt hat, und zwar auf der Basis von sexualwissenschaftlichen Urteilen, die davon ausgehen, dass für die betroffenen Kinder und Jugendlichen die Vernehmungen wesentlich schlimmer sind als die im Grunde harmlosen Missbrauchsfälle…" Der Bischof hat sich danach für diese Aussage entschuldigt, besonders bei Opfern von Missbrauch. Ein Jahr später, im Februar 2023, fordert der Betroffenenbeirat der Diözese vom Regensburger Bischof mehr Transparenz über die Zahl der Opfer und die Zahl der Täter.

Die Fürstin

Das Adelsgeschlecht Thurn und Taxis stammt aus Norditalien. Im Auftrag des Kaisers baute die Familie seit dem 15. Jahrhundert das Postwesen Mittel- und Westeuropas auf und bestimmte es über 350 Jahre lang. Ab 1748 war der Fürst der Repräsentant des Kaisers auf dem Immerwährenden Reichstag zu Regensburg. Seit 1812 befindet sich die fürstliche Residenz in den Gebäuden der ehemaligen Benediktinerabtei St. Emmeram. die die Familie Thurn und Taxis als Entschädigung für das Postmonopol erhielt. Im 18. und 19.Jahrhundert war die Fürstenfamilie nicht so eng mit dem Katholizismus verbunden wie heute, sondern hatte sich der Freimaurerei verschrieben. Fürst Karl Alexander von Thurn und Taxis (1770 – 1827) war Großmeister der Regensburger Loge.

Fürstin Gloria von Thurn und Taxis stammt von ungarischem Adel ab, sie hat eine russische Großmutter. Fürstin Gloria wird in der Lokalpresse als bekennende Katholikin bezeichnet. Sie hält den Teufel für die Ursache allen Übels auf der Welt, sie glaubt noch an das Christkind, ist beindruckt vom Glaubenseifer der Muslime. Die Absage von Gottesdiensten wegen der Corona-Pandemie hält sie für reine Schikane. Fürstin Gloria befürchtet die Zunahme von „betreutem Denken" und Denkverboten, sie hält Kontakt zu der konservativen Priesterbruderschaft St. Petrus.

Berichte aus Katholien

Sie sieht die katholische Kirche als wahrheitshütende Institution an und meint, nur das Gebet wird der Welt Frieden bringen. Fürstin Gloria hat sich „früh entschieden, auf der Seite der Guten für den Glauben an Gott zu kämpfen." (entnommen aus Berichten der „Mittelbayerische Zeitung").

In einem weiteren Interview der „Mittelbayerische" vom Oktober 2022 äußert sich Fürstin Gloria zu folgenden Themen: „Wir brauchen dringend Nuklearenergie, denn es ist die umweltfreundlichste Art der Energiegewinnung. (...). Wer nicht an Gott glaubt, glaubt an alles. Durch die Zerstörung der Religion ist den Ideologen Tür und Tor geöffnet. (...) Ich wollte durch Besuche, kulturellen Austausch und durch Reisen in Erfahrung bringen, ob die Russen wirklich so böse sind, wie uns 50 Jahre lang vorgeführt wurde. Was habe ich festgestellt? Die Russen sind genauso lieb oder böse wie wir. (...) Wir haben unsere Atomkraftwerke abgeschaltet, weil wir sündteure Alternativ-Quellen wie Solar und Windkraft forciert haben. (...) Gerechtigkeit gibt es nur im Himmel, auf der Erde herrschen immer Verteilungskämpfe, die ideologisch motiviert sind."
\>>> Auch wer an Gott glaubt, glaubt alles Mögliche, siehe Brauchtum und Aberglaube. Religion wird ebenfalls durch Ideologen zusammengehalten. Verteilungskämpfe sind durch den Wunsch nach Gerechtigkeit hier auf Erden motiviert, hier ist sie wichtig, nicht erst im Jenseits.

Der Papst

Zur Bischofsstadt Regensburg gehört auch ein Papst, Benedikt XVI., Joseph Ratzinger. Von 1969 bis 1977 wirkte er als Theologieprofessor an der hiesigen Universität, bevor er als Erzbischof nach München berufen wurde. Von Papst Johannes Paul II. nach Rom gerufen, war er als Kurienkardinal verantwortlich für die Reinheit der Glaubenslehre. 2005 wurde Kardinal Ratzinger zum Papst gewählt, 2013 trat er freiwillig von seinem Amt zurück.

Berichte aus Katholien

Sein Wunsch war es gewesen, im Alter zusammen mit seinem Bruder Georg und Schwester Maria in dem Haus der Familie in Pentling, einem Vorort von Regensburg, zu leben. Bruder und Schwester sind bereits verstorben, Benedikt XVI. verbringt seine letzten Jahre im Vatikan und stirbt dort am 31.12.2022.

Ende Oktober 2019 wird in Regensburg in einer Vorpremiere der Dokumentarfilm „Verteidiger des Glaubens" über Papst Benedikt XVI. aufgeführt. In diesem Film geht es um die Machtstrukturen im Vatikan, die nach Auffassung des Autors und Regisseurs Röhl die Aufklärung des tausendfachen Missbrauchs von Kindern und Jugendlichen durch Priester blockieren. Der Papst ist Teil dieses Systems, dem das Ansehen der Kirche wichtiger ist als die Wahrheit. Papstsekretär Gänswein nannte diesen Film „ein Debakel."

Im November 2019 kommt das Buch: „Aus den Tiefen unserer Herzen" heraus, für das Benedikt XVI. als Co-Autor genannt wird. Darin warnt der emeritierte Papst vor einer Priesterweihe von Verheirateten und bereitet dadurch Papst Franziskus große Schwierigkeiten, einen liberaleren Kurs durchzusetzen. Benedikt XVI. wird im Vatikan immer noch mit „Seine Heiligkeit" angesprochen.

Vom 18. bis 22.6.2020 hält sich Benedikt XVI. mit Erzbischof Gänswein in Regensburg auf und besucht seinen schwerkranken Bruder. Am Abreisetag wird noch der Schrein des Bistumpatrons mit den Reliquien des heiligen Wolfgang besucht. Bischof Rudolf nennt Benedikt XVI. einen „Jahrhunderttheologen" und dessen Werk „prophetisch". Als Professor hatte er sich den Titel: „Mozart der Theologie" verdient.

Im März 2021 erscheint das Buch: „Nur die Wahrheit rettet – Der Missbrauch in der katholischen Kirche und das System Ratzinger". Die Autoren werfen Benedikt XVI. sein Schweigen zu den Missbrauchsfällen bei den Regensburger Domspatzen vor, sowie die Ernennung des früheren Regensburger Bischofs Gerhard Ludwig Müller zum Präfekten der römischen Glaubenskongregation (früher: Inquisition) und zum Chefaufklärer der Missbrauchsvorwürfe weltweit.

Berichte aus Katholien

Für Müller und Benedikt stehen das Wohl und Ansehen der katholischen Kirche im Vordergrund. Die Missbrauchsvorwürfe wertet Müller als Kampagne gegen die Kirche.
>>> Mit Ernennung des Kardinals Müller zum Chefaufklärer des Missbrauchs hat Benedikt XVI. den Bock zum Gärtner gemacht.

Am 31. Dezember 2022 stirbt Papst emeritus Benedikt XVI. im Vatikan. Ministerpräsident Söder reist mit einer großen Delegation nach Rom. Mehrere Freiwillige Feuerwehren aus der Regensburger Umgebung reisen ebenfalls mit ihren Fahnen und Bannern an. Auch Bayerische Gebirgsschützen in Tracht sind anwesend. Mehrere Pressefotos zeigen die gut gelaunten Politiker, Oberbürgermeister und andere Teilnehmer auf dem Platz vor dem Petersdom. Das Erinnerungsfoto der Bayerischen Gebirgsschützen macht deutlich, dass sich diese dicken alten Herren wohl kaum noch im Gebirge bewegen könnten.

Die Stadt Regensburg (Oberbürgermeisterin Maltz-Schwarzfischer) veröffentlicht eine Traueranzeige für den: „Ehrenbürger Papst emeritus Benedikt XVI., Prof. Dr. Joseph Ratzinger."
Das Bistum Regensburg (Bischof Voderholzer) veröffentlicht eine Traueranzeige für: „Papst emeritus Benedikt XVI., (…) Diener der Kirche".
Die Universität Regensburg „betrauert den Tod von Papst em. Benedikt XVI. Professor Dr. Joseph Ratzinger".
Der Freistaat Bayern dagegen (Ministerpräsident Söder) veröffentlicht eine halbseitige Traueranzeige für: „Seine Heiligkeit, den emeritierten Papst Benedikt XVI."

>>> Offenbar will sich der Protestant Söder hiermit bei seinen katholischen Wählern einschmeicheln. Die nächste Landtagswahl steht bevor. Der emeritierte Papst ist keinesfalls heilig, sondern nur der Amtsinhaber wird „Heiliger Vater" genannt, was aber auch schon den Worten Jesu widerspricht. Bayerische Gläubige forderten bei der Beerdigung in Rom natürlich die schnelle Selig- und Heiligsprechung, aber bis dahin ist es noch ein langer Weg; zum Beispiel muß erst ein Wunder gefunden werden, welches Benedikt XVI. bewirkt haben soll….

Berichte aus Katholien

Priester, Pfarrer, Diakone

Der Pfarrer einer katholischen Kirchengemeinde ist auch mit der Ortsgemeinde und ihren Vereinen fest verbunden. Ob ein neuer Pfarrer kommt oder ein Pfarrer verabschiedet wird, die Pfarrgemeinde feiert das Ereignis z.B. mit einem Festgottesdienst und anschließendem Stehempfang, zusammen mit den kirchlichen und weltlichen Ortsvereinen, ihren Fahnenabordnungen, mit Ministranten, Kindergartenkindern, Kinderchor, Feuerwehr und Blaskapelle. Gemeinsam geht es im Kirchenzug durch die Ortschaft zur Kirche. In den Gemeinden Oberisling und auch in Hohengebraching z.B. wurden 2022 die neuen Pfarrer sogar noch zusätzlich mit dreifachem Salut der Böllerschützen begrüßt.

Wenn irgend möglich, nehmen mehrere Priester und Diakone in der Kirche am Festgottesdienst teil und zelebrieren die Heilige Messe gemeinsam. Bei diesen Gelegenheiten ist von Priestermangel wenig zu spüren. Die Pfarrei St. Cäcilia in Regensburg zum Beispiel feierte 120 Jahre Bestehen des Kirchenbaues und 100 Jahre Bestehen der Pfarrgemeinde. Gleichzeitig wurden einige Primizjubiläen der Pfarrer gefeiert. Ein Diakon hielt die Festpredigt, ein Pater des Benediktinerordens war der Hauptzelebrant des Gottesdienstes. Das Foto der „Mittelbayerische" zeigt sieben Geistliche in prachtvollen Gewändern am Altar. In Hagelstadt wurde der neue Pfarrer Pullambarambil feierlich eingeführt. Mit dabei waren Dekan, Prodekan, Pfarrer und acht weitere indische Ordensbrüder. In der Ortschaft Kareth wurde die Primiz eines neuen Pfarrers im Beisein von Dekan, Pfarrvikar und zwei weiteren Priestern gefeiert. Einen würdevollen Abschied bereitete die Pfarrgemeinde St. Josef im Jan. 2022 ihrem langjährigen Stadtpfarrer A.L. Insgesamt 20 Priester waren anwesend, um dem Verstorbenen das letzte Geleit zu geben.
>>> Der halbnackte Jesus am Kreuz wird sich in allen diesen Fällen sehr gewundert haben, denn solche prachtvollen Auftritte, mit dem sich die Priester eigentlich selbst feiern und beweihräuchern, hat er seinen Anhängern sicher nicht empfohlen.

Berichte aus Katholien

Der Priestermangel wird hier in Katholien auch an den Namen vieler Neupriester deutlich, die schon seit Jahren in Deutschland tätig sind und offensichtlich gut Deutsch sprechen können. Zum Beispiel:
Aus Indien:

Pater Joy Padakoottil,
„Orden der regulierten Tertiaren des heiligen Franziskus".

Pater Mejo Jose Puthussery,
„Orden der heiligen Theresia vom Kinde Jesu".

Pater Thomas Pullombarambil,
„Orden der Vinzentiner".

Pfarrer Arul Irudayasamy Antonysamy.
Pfarrer Raveendra Reedy Ponapaty.
Pfarrer Charles Wola Bangala.
Pfarrer Arul Raj Sebasthiyan.
Pfarrer Vijaya Raju Vutukuri.
Pfarrer Joseph Vattathara.

Aus Afrika:

Pfarrer Peter Quamaaru Kwame Amevor (Ghana).
Pfarrer Getenem Girmachew Tesfaye (Äthiopien).
Pfarrer Innocent Iheanyichukwu Nwokenna.
Pfarrvikar Pascal Olivier Angue (Kamerun).
Father Donatus Nwachukwu .

>>> Die einheimische deutsche Bevölkerung hat sicher Probleme diese Namen richtig auszusprechen bzw. zu schreiben.

Seit zwei Jahren wirkt Father D.N. aus Nigeria als Vikar. Er sagt im Sept. 2020: „Ein Gottesdienst ist in Deutschland im Wesentlichen die Feier der Liturgie in den vorgegebenen Riten, bei uns in Nigeria ist es vielmehr ein Fest, bei dem auch getanzt und geklatscht wird und sich jeder mit selbstformulierten Gebeten oder auch mit musikalischen oder gesanglichen Beiträgen einbringen kann. (…) Ein ganz großes Gewicht (d.h. Bedeutung) haben die Frauen in der afrikanischen Kirche".

Berichte aus Katholien

Es gibt hier in Katholien auch Priester, die selber Jäger sind und auf die Pirsch gehen.
>>> Wie ist das für einen Priester ethisch und moralisch vereinbar? Erst Tiere töten und dann eine heilige Messe zelebrieren? Priester selbst wollen doch heiligmäßig sein, dann dürfen sie diese Gottesgeschöpfe doch nicht töten!

Viele verschiedene Titel für Kleriker werden in Katholien verwendet:

H.H.	Hochwürdiger Herr Pfarrer (Name)
	H.H. Msgr. BGR Pfarrer i.R. (Name).
Hwst.	Hochwürdigster Herr Generalvikar Msgr. (Name)
Msgr	Monsignore>> Päpstlicher Ehrenkaplan.
BGR	Bischöflich Geistlicher Rat
Kanonikus	Mitglied eines Domkapitels oder Stiftskapitel.
Zelebrant	Vorstehender der heiligen Messe o. a. Liturgie
Prälat	Geistlicher mit Leitungsbefugnissen.
Primizant	Neupfarrer, der seine erste Messe feiert.
Generalvikar	Stellvertreter des Diözesanbischofs und Leiter der Verwaltung der Diözese.
Domkapitular	Mitglied des Leitungsgremiums einer Bischofskirche des Domkapitels.

>>> Warum ist ein katholischer Priester oder Bischof eigentlich ein „Hochwürdiger"? Diesen Titel haben sich die Kirchenmänner selbst gegeben, um das Volk zu beeindrucken. Als „hochwürdig" könnte man sich ganz andere Menschen vorstellen, z.B. Ärzte, Rettungssanitäter, Feuerwehrleute in lebensrettendem Einsatz, Bergretter, Mitarbeiter von Bombenräumdiensten usw., aber auch menschlich hervorragende, bedeutende Politiker wie z.B. Martin Luther King, Gandhi, Mandela, aber warum ausgerechnet katholische Priester und Bischöfe?

Diakon ist die niedrigste Weihestufe für die Laufbahn eines Priesters. Die zwei weiteren Stufen sind Priester und Bischof. Daneben gibt es den sogenannten „ständigen Diakon", er ist nicht zum Zölibat verpflichtet, darf verheiratet sein, Kinder haben und er hat einen Zivilberuf.

Seine Aufgaben sind, Armen und Notleidenden zu helfen, das Evangelium in Wort und Tat zu verkünden, eine Brücke zu sein zwischen der Welt der Familien, der Arbeitswelt und der katholischen Kirche. Er unterstützt den Pfarrer bei der Vorbereitung der Gottesdienste, bei der Kinder- und Jugendarbeit, assistiert bei Eheschließungen, betreut Senioren und begleitet die Menschen auf dem letzten Lebensweg. Zwei Männer wurden hier im Oktober 2022 vom Bischof zum „ständigen Diakon" geweiht, beide sind verheiratet und haben jeweils drei Kinder.

Kirchliches Gemeindeleben

In seiner Ortsgemeinde ist der katholische Pfarrer vollständig in das Gemeindeleben integriert und eingebunden. Bei allen kirchlichen und weltlichen Ereignissen ist er dabei. Er segnet alles, was von den Bürgern oder Vereinen gewünscht wird und seitens der katholischen Kirche nicht verboten ist (z.B. Homosexuelle). Er hält Messen für alle Menschen, ob klein oder groß, jung oder alt, tot oder lebendig, für Einzelpersonen oder Vereine. Er hält seine Kirchengemeinde durch Wallfahrten und Anbetungsstunden in Bewegung und in Kontakt zu sich und seiner Kirche. Der katholische Pfarrer ist mit seiner Pfarrgemeinde und der Ortsgemeinde verwachsen, er bietet seine Dienstleistungen für alle Lebenden und Toten an, vom Kleinkind bis zum verstorbenen Erwachsenen. Der Pfarrer macht sich ganz unentbehrlich und ist darum der wichtigste Mensch für das Weiterbestehen seiner Kirche.

Vereine:
Ein wichtiges Element des krchlichen und weltlichen Gemeindelebens sind die Vereine und die Freiwilligen Feuerwehren, die ebenfalls als Vereine organisiert sind. Diese Vereine organisieren und bereichern die örtlichen Feste, manche Messe, viele Prozessionen oder den Kirchenzug (durch die Ortschaft zur Kirche) mit ihren Mitgliedern, Fahnen und Musikkapellen. Wahrscheinlich ist jede Familie im Ort in mindestens einem der folgenden Vereine aktiv: Schützenverein, OGV: Obst-und Gartenbauverein (Gartler), FFW: Freiwillige Feuerwehr (Feuerwehrler),

Berichte aus Katholien

Trachtenverein (Trachtler), Hundeverein (Hundler), Wanderverein, Sportverein, Burschenverein, Kath. Männerverein, Krieger-und Soldaten- bzw. Reservistenverein, MMC: Marianische Männer Congegration, KDFB: Kath. Deutscher Frauen Bund, usw. Jeder Verein hat seine eigenen Vereinsaktivitäten, eigene Fahnen oder Banner.
Im Nov. 2022 wurde bei Eröffnung der Faschingssaison dem anwesenden Pfarrer ein Orden verliehen, da er der erste katholische Geistliche war, der an einer Feier der Faschingsgesellschaft „Lari Fari" teilnahm.

Fronleichnam 2021 gibt es folgende Ankündigung bzw. Aufforderung in der Zeitung: „Die Kirchen in Reinhausen und Sallern werden mit Birken geschmückt und die Vereine sind eingeladen, mit einer Fahnenabordnung am Festgottesdienst teilzunehmen. (…) Die Vereine stellen sich mit dem liturgischen Dienst vor der Kirche mit Abstand auf und ziehen in die Kirche ein. Am Ende des Gottesdienstes zieht das „Allerheiligste" mit den Fahnenabordnungen vor die Kirche zum Segen. Zum Abschluß erklingt unter dem Geläut der Glocken „Großer Gott wir loben dich".

>>> Vereinsmitglieder sind heutzutage doch nicht durchweg katholisch, auch nicht in Bayern. Es sind weltliche Vereine mit gemischten Konfessionen. Die katholische Kirche erwartet jedoch ganz selbstverständlich, dass diese Vereine, so wie bisher immer, mit ihren Fahnen die katholische Religion feiern sollen. Hallo Kirche, die Zeiten haben sich geändert! Wir sind nicht mehr im 19. Jahrhundert!

Messen:

Es gibt Messen für praktisch jede Gelegenheit, jede Altersgruppe und jede Vereinigung: Kleinkindermesse für Kinder bis 6 Jahren mit ihrer Begleitung, Taufgedächtnisfeier für die Täuflinge der letzten zwei Jahre, Schülermesse, Ministrantenmesse, Messe für Erstkommunionkinder, Open-Air-DJ-Messe im Rahmen des Jugendfestes, Familienmesse mit Kindersegnung, Hausfrauengottesdienst mit anschl. Frühstück im Pfarrsaal, Familienmesse mit Scheinwerferkollekte, (d.h. bitte Scheine geben statt Münzen), Schützenmesse, Hubertusmesse mit Jagdhornbläsern, St.Nikolaus Messe, Messe zum Patrozinium, Wallfahrermesse, Messe für wallfahrende Motoradfahrer, Frauenmesse,

Berichte aus Katholien

Pilgermesse, Kirchweihmesse, Seniorenmesse mit Krankensalbung, Messe mit Gospelchor, Messe mit eucharistischer Prozession, Messe für Schützenverein u. Feuerwehr für verstorbene Mitglieder, Biergartengottesdienst „Prost und Segen" im Gasthaus (Hemau), Messe mit Kirchenfrühschoppen, Festgottesdienst 45 Jahre Wanderfreunde, Festgottesdienst 50 Jahre Aerobic-Abteilung des TSV, Messe und im Anschluß Martinischießen, Messe für die Armen Seelen, Messe mit Lectio Biblica, Messe mit dem Neukatechumenalen Weg, u.a. Der Advent wird durch Rorate-Messen geprägt: Frühmorgens und am Abend werden Gottesdienste gefeiert, die Gemeinde wartet symbolisch in der dunklen Kirche auf das Kommen des Lichts, auf Christus.

Segnungen:

Gesegnet werden: Kranke, werdende Mütter und Väter, Familien, Kinder, Osterspeisen, Kräuterbuschen, Erntegaben, Brotsegnung am Feuer nach Martinsritt, Adventskränze, Reliquien, Wegkreuze, neue Orgel, Kreuze für Wohnanlage, neue Kinderkrippe, Gräber. Im Dezember 2020 findet Sternsingen trotz Corona statt. Die Gruppen ziehen aber nicht von Haus zu Haus, sondern bringen den Segen auf andere Weise z.B. werden Segen „eingetütet" und in die Briefkästen geworfen. Die „Süddeutsche Zeitung" berichtet „...während der Corona Pandemie (...) geht segnen auch übers Telefon." Nach katholischem Glauben wird unmittelbar nach dem Tod ein individuelles Gericht gehalten und entschieden, wohin die Seele des Verstorbenen geschickt wird: Paradies, Fegefeuer oder Hölle. Die Segnung hilft den Seelen im Fegefeuer, den sogenannten „Armen Seelen", sie verkürzt deren Zeit im Fegefeuer.

Gesegnet werden auch: Pferde, Hunde, Fahrzeuge, neue Wohnanlage, Braustuben im Brauereigasthof, neues Banner des Frauenbundes, Fahnen und Fahnenbänder der Vereine, neues Dorfgemeinschaftshaus, Trinkwasserhochbehälter, Feuerwehrhaus, Garagenanbau und Tragkraftspritze der Feuerwehr, Katastrophenschutzhalle, neuer Hochwasseranhänger der Feuerwehr, Kletterwand, neuer Holzweg, hölzerne Vereinshütte am Waldrand, neue Pflasterbahnen der Stockabt. TSV Thalmassing, Schießanlage, elektronische Schießstände der Schützenvereine.

Berichte aus Katholien

>>> Es sieht doch recht komisch aus, wenn der Pfarrer oder Bischof zum Segnen mit dem hocherhobenen Weihwasserpinsel, dem Aspergil, kommt. Es sieht nämlich so aus, als käme er mit einer Klobürste daher. Vielleicht ist das der Grund, dass die nagelneue, hochmoderne, behindertengerechte öffentliche Toilettenanlage in der Altstadt, die für alle Menschen, Einheimische und Touristen, sehr nützlich ist und schon lange erwartet wurde, ausnahmsweise bisher nicht gesegnet wurde.

Auch die Donau selbst wurde gesegnet, und zwar am 8. Januar 2023 nach einem ökumenischen Gottesdienst im Regensburger Dom. Der griechisch-orthodoxe Archimandrit hätte nach orthodoxem Brauch ein Kreuz aus der Donau gezogen, da er jedoch aus gesundheitlichen Gründen an der Segnung nicht teilnehmen konnte, wurde diese gemeinsam vom katholischen und dem evangelischen Bischof zelebriert. Statt ein Kreuz aus dem Wasser zu ziehen, warfen die beiden Bischöfe ein kleines Holzkreuz von der Steinernen Brücke ins Donauwasser und schickten es mit dem Wunsch nach „Frieden in der Ukraine" auf die Reise.
>>> Ob es jemals das Schwarze Meer erreichen wird, ist angesichts der großen Anzahl von Schleusen doch sehr unwahrscheinlich. Es ist doch auch fraglich, was es für die Segnung bedeutet, ob ein Kreuz aus dem Wasser gezogen wird oder ob man ein Kreuz hinein wirft. Wieso ist es eigentlich überhaupt erforderlich, Gottes Schöpfung zu segnen?

Wallfahrten:
Neben den bekannten Wallfahrtsorten in Bayern wie z.B. Altötting gibt es sehr viele kleine, weniger bekannte Orte und Kirchen, zu denen die Gemeinden ihre Wallfahrten unternehmen: Frauenbründl, Haunkenzell, Pilgramszell, Eichlberg u.v.a. Zur Ortschaft Langquaid im Landkreis Regensburg pilgern die Menschen zur Heiligen Ottilie, Schutzpatronin der Augenleidenden. Zu allen diesen Wallfahrten (per Fahrzeug oder zu Fuß) gehören auch die Wirtshausbesuche zur Stärkung der Wallfahrer.
>>> Es geht bei diesen Fahrten wohl hauptsächlich um das Zusammensein und die Kommunikation mit den anderen Teilnehmern. Daher erfüllen diese Fahrten den gleichen Zweck wie andernorts die Ausflugs- und Kaffeefahrten, nur eben mit dem offiziellen, religiösen Ziel, einen Heiligen oder eine Reliquie zu besuchen.

Berichte aus Katholien

Ministrantenwallfahrten nach Rom sind nicht ungewöhnlich. Sehr ungewöhnlich dagegen war die Erntedank- und Bittwallfahrt im August 2012 von Männern mit Oldtimer-Bulldogs nach Rom, um dem neuen Papst Benedikt XVI. die Ehre zu erweisen. Daraus entwickelte sich die neue Tradition, jährlich mit den alten Traktoren zu einem Marienwallfahrtsort hier in Katholien zu pilgern. Dabei wird stets eine Wallfahrerkerze mitgeführt, die nach der Segnung durch den Pfarrer in der Kirche aufgestellt wird. Im Anschluß an die Messe werden natürlich auch die Traktoren vom Pfarrer gesegnet.

In der Ortschaft Brennberg wurde 2019 eine neue Pferdewallfahrt kreiert, der Georgi-Ritt am Namenstag des heiligen Georg (April). 80 Reiter und zwei Kutschen nahmen teil, der Pfarrer segnete Pferde und Reiter und die Pferde erhielten zusätzlich gesegnetes Brot. Diese Pferdeprozession soll nun in 2023 zum zweitenmal stattfinden.

Erstkommunion, Firmung:

Bei der Heiligen Kommunion geben die Kinder ihre Kommunionopfer ab. Die Andachtsgegenstände werden gesegnet. Das Heilige Sakrament der Firmung wird vom Bischof gespendet. Die Firmung der Kinder wird mit dem heiligen Chrisamöl und dem Kreuzeszeichen besiegelt. Die Kinder überreichen als Dank für die Firmung dem Spender des Sakramentes ein Geschenk.

>>> Wieso eigentlich ein Geschenk für den Bischof? Das ist doch seine Aufgabe. Normalerweise erhalten die neuen Mitglieder aus Dankbarkeit Geschenke von der Vereinigung, der sie beitreten.

Ehejubiläen:

Runde oder halbrunde Ehejubiläen werden in der Kirche gefeiert und dabei die Eheversprechen der Trauungen bestätigt. Zum Beispiel werden die Ehepaare zur Messe eingeladen, die seit 15, 20, 25, 30, 35 usw. Ehejahren zusammen sind. Ein Ehepaar wird also praktisch alle 5 Jahre eingeladen und aufgefordert, sein Eheversprechen öffentlich neu zu bestätigen.

>>> Die Kirche hat offensichtlich kein großes Vertrauen in die Haltbarkeit dieser Versprechen und lässt sie daher alle fünf Jahre wiederholen.

>>> Ein Pfarrer gab dabei u.a. den Rat, dass vor allem das gemeinsame Gespräch in angenehmer Atmosphäre wichtig sei für das Gelingen einer Ehe. Ist das tatsächlich das Wichtigste? Woher weiß ausgerechnet ein katholischer Pfarrer so etwas?

Anbetung des Allerheiligsten:
Besondere Zeiten der Anbetung halten die Gemeinde in Bewegung. Es heißt dann z.B. in der Zeitung oder im Pfarrblatt: „14 Uhr Anbetung mit Aussetzung des Allerheiligsten. 17 Uhr Abschluß und Einsetzung des Allerheiligsten". Das bedeutet, die Monstranz mit der Hostie wird wieder weggeschlossen.

Eine besondere, alte Tradition der katholischen Kirche ist die sogenannte „Ewige Anbetung". In Deutschland wurde diese im 18. Jahrhundert eingeführt. Diese Anbetung wird in unterschiedlichen Formen durchgeführt: entweder wird wirklich ständig gebetet, weil ununterbrochen jemand vor dem Allerheiligsten betet, oder die Anbetung wird zeitlich auf verschieden Gruppen, Kirchengemeinden usw. verteilt. Zum Beispiel teilt die Pfarrei Aufhausen für den 20.12.22 mit: „Am heutigen Dienstag ist der Tag der Ewigen Anbetung. Alle Angehörigen der Pfarrei sind eingeladen, für die Diözese Regensburg zu beten. Die Uhrzeiten für die einzelnen Gruppen und Ortschaften sind wie folgt: 8-9 Uhr Pfarrhausteam, 9-10 Uhr heilige Messe, 10-11 Uhr Schwestern, 11-12 Uhr Brüder, 12-13 Uhr Gäste aus der Umgebung, 13-14 Uhr Gemeinde Petzkofen, 14-15 Uhr Gemeinde Triftlfing, 15-16 Uhr Gemeinde Aufhausen, 16-17 Uhr Hanna-Schwestern, 17-18 Uhr Gemeinde Irnkofen."

>>> Mit dem Allerheiligsten ist die geweihte Hostie gemeint, von der Katholiken glauben müssen, sie sei der reale Leib Jesu. Aber Jesu und auch Gott sind sicher nicht einverstanden damit, dass ein Gebäck von Menschenhand als „Allerheiligstes" bezeichnet, verehrt und angebetet werden soll.

Berichte aus Katholien

Gebete:
Papst Franziskus rief am 25.3.20 alle Christen weltweit zu einem Sturmgebet (einem Vaterunser) gegen das Corona-Virus auf. In Regensburg sollten um 12 Uhr alle Glocken dazu läuten. Außerdem sollten um 19:30 wieder alle Glocken läuten und der „freudenreiche Rosenkranz" gebetet werden. Im Juni 2021 hat Papst Franziskus zusammen mit dem Augsburger Bischof Meier den letzten Rosenkranz des Gebetsmarathons für ein Ende der Corona-Pandemie gebetet. Gebetet wurde vor einer Kopie des Gnadenbildes „Maria Knotenlöserin".

Die Pfarrei Reinhausen zeichnet im April 2020 zwei Frauen mit der silbernen Josefsmedaille aus. Eine der Frauen betet seit 30 Jahren in der Pfarrkirche den Rosenkranz vor, die andere gehört seit rund 50 Jahren zu den täglichen Rosenkranzbetern. In Regensburg werden im März 2020 feste Gebetszeiten eingerichtet, an denen sich die Gläubigen zeitgleich von zu Hause beteiligen können. Sonntag, Dienstag, Donnerstag und Freitag feiern die Priester die hl. Messe alleine in den geschlossenen Kirchen. Montags soll eine Andacht gebetet werden, mittwochs der Kreuzweg, samstags der Rosenkranz. Im Kloster Heilig Kreuz in Regensburg lebt seit fast acht Jahren Schwester B. mit elf älteren Mitschwestern. Die Hauptbeschäftigung der Schwestern ist Beten. Ihr Tag beginnt um fünf Uhr morgens. Sie verbringen ihre Zeit fast ausschließlich im Kloster. Im Orden gilt Ausgangsverbot. Einmal im Monat verlassen sie das Kloster zum Beichten
>>> Ist das ein Leben nach Gottes Vorstellungen? Gott hat uns gewiss nicht zum ständigen Beten geschaffen!

Die Gruppe „Nightfever" in Regensburg organisiert im April 2020 neuartige Gebetsabende, z.B. gibt es in der Kirche eine „Joy-and-Worry-Box", in diese kann man Zettel mit seinen Bitten werfen. Schwestern aus einem bayerischen Kloster werden dann dafür beten. Das Jahresmotto der MMC (Marianische Männer Congegation) lautet: „Betet ohne Unterlass." Der Shop der „Mittelbayerischen" bietet für Kinder zwei verschiedene Gebetswürfel an: „Schütze mich." Bunter Gebetswürfel aus Ahornholz mit gemischten Tagesgebeten. 10,95 Euro,

Berichte aus Katholien

„Kleiner Bär", liebevoll gestalteter Gebetswürfel, mit Swarovski Kristallen veredelt, für Kinderhände entwickelt 4,9 x 4,9 cm. 14,95 Euro.
Umfrage (2409 Personen), veröffentlicht in der „Mittelbayerischen" im Mai 2020: Frage: Nach wochenlanger Schließung sind nun Kirchen, Synagogen und Moscheen unter strengen Auflagen wieder geöffnet. Haben Sie seitdem schon einen Gottesdienst oder ein gemeinschaftliches rituelles Gebet besucht oder planen sie, dies zu tun? Antwort: 2% Ja, habe ich bereits. 81% Nein, und ich plane auch nicht dies zu tun.

Der „Kleine Katechismus des katholischen Glaubens" sagt: „Beten heißt, seine Seele zu Gott erheben. Wir beten, um Gott zu loben, ihm zu danken, ihn zu bitten und um Sühne zu leisten für unsere Sünden."

>>> Um meine Seele zu Gott zu erheben, muß ich demnach schon selber beten und darf das Gebet nicht an andere delegieren. Kirchen und Klöster kamen zu Reichtum, weil viele Menschen Geld und Güter spendeten, damit die Priester, Mönche und Nonnen für sie beteten. Diese Dienstleistung war und ist ein gutes Geschäft für die Kirche. Das Erheben seiner Seele zu Gott aber kann man doch nur persönlich und freiwillig machen, egal an welchem Ort oder zu welcher Zeit. Ein kleines, stilles Gebet draußen in der Natur wird mindestens ebenso gut von Gott angenommen werden wie ein Gebet in einer Kirche. Auf jeden Fall muss es ein persönliches Gebet sein und nicht ein an die Kleriker der Kirche delegiertes Gebet.

(Matth. 6, 5-9): Jesus sagt: „Wenn ihr betet, macht es nicht wie die Heuchler! Sie stellen sich beim Gebet gern in die Synagogen und an die Straßenecken, damit sie von den Leuten gesehen werden. Amen, ich sage euch: Sie haben ihren Lohn bereits erhalten. Du aber, wenn du betest, geh in deine Kammer, schließ die Tür zu; dann bete zu deinem Vater, der im Verborgenen ist! Dein Vater, der auch das Verborgene sieht, wird es dir vergelten. Wenn ihr betet, sollt ihr nicht plappern wie die Heiden, die meinen, sie werden nur erhört, wenn sie viele Worte machen. Macht es nicht wie sie; denn euer Vater weiß, was ihr braucht, noch ehe ihr ihn bittet. So sollt ihr beten: Vater unser im Himmel, geheiligt werde dein Name, (…)".

Besondere Ereignisse

Der Bruder des Papstes.
Georg Ratzinger, Bruder des emeritierten Papstes Benedikt XVI., übernahm 1964 das Amt des Domkapellmeisters in Regensburg und wirkte in dieser Position bis 1994. Beide Brüder waren 1951 zu Priestern geweiht worden. Georg Ratzinger führte den Chor zu Weltruhm.

2019 erscheint das Buch „Der Chor zuerst. Institutionelle Strukturen und erzieherische Praxis der Regensburger Domspatzen 1945 bis 1995", mit den Missbrauchs- und Misshandlungsfällen: 547 anerkannte Opfer körperlicher Gewalt und 67 Opfer sexualisierter Gewalt. Georg Ratzinger hat stets beteuert, von körperlicher und sexueller Gewalt in seinem Chor nichts gewusst zu haben. 2010 wurde deshalb im Stadtrat über die Ehrenbürgerschaft für Georg Ratzinger gestritten. Die CSU forderte sie, die SPD war dagegen.

2021 erscheint ein Gedenkbuch über den ehemaligen Domkapellmeister. Die „Mittelbayerische" schreibt dazu, dass es „unvollständig ist, weil es den vielen Opfern ein Mindestmaß an Achtung und Respekt schuldig bleibt". Kardinal Gerhard Ludwig Müller dagegen schreibt in einem Nachruf: „Georg Ratzinger war ein zutiefst ehrlicher Mensch".
>>> Woher weiß der Kardinal das so genau? War er das wirklich?

Die „Mittelbayerische" titelt im Juni 2022: „Letztes Geleit für Papstbruder. Es ist ein historischer Besuch: Papa emeritus Benedikt XVI. ist aufgebrochen, um seinen schwer kranken Bruder Georg Ratzinger das letzte Mal zu sehen. Die beiden verbindet ein Leben im Glauben (…)". Georg Ratzinger stirbt am 1. Juli 2022 in Regensburg.
>>> Beide glauben doch daran, dass sie sich nach der Auferstehung wiedersehen werden, oder glauben sie das etwa nicht? Kardinal Marx lobt Benedikt XVI. emeritus, er habe mit seinem Besuch am Krankenbett des Bruders ein „Zeichen der Menschlichkeit" gesetzt.

Berichte aus Katholien

Bei der Trauerfeier für Georg Ratzinger verliest Erzbischof Gänswein im Dom einen Brief von Benedikt, der nicht mehr selbst nach Regensburg reisen konnte, und bricht dabei in Tränen aus. Die „Mittelbayerische" titelt: „Gänswein weinte für den Papst".
>>> Klerikale Tränen gibt es für einen 96 Jährigen, für die missbrauchten jungen Menschen dagegen gibt es Schweigepflicht und Drohungen.

Reliquiendiebstahl.

In der Kirche St. Wolfgang werden im Oktober 2020 einige Reliquien des heiligen Wolfgang gestohlen, er war der erste Bischof von Regensburg und starb 994 n.Chr. Es handelt sich um einige kleine Knöchelchen, aber kostbar verziert mit goldenen und silbernen Fäden, 12 Smaragden und 40 weißen Perlen, Materialwert einige tausend Euro. Die Lokalzeitung berichtet von dem „unfassbarem Verlust" (der Knochen). Der „Schock" sitzt tief in der Domstadt, die Gläubigen sind „entsetzt", der ideelle Schaden ist „unermesslich" usw.
>>> Mein Leserbrief in der „Mittelbayerischen" dazu lautete: „Meiner Ansicht nach handelt es sich hier nicht um einen Diebstahl der Reliquie, sondern um den Diebstahl der Edelsteine. Was soll denn ein Dieb mit dieser Reliquie? Sie hat keinen Wert für ihn. Er wird die kleinen alten Knochen gleich weggeworfen haben, daher sollte man einmal in der näheren Umgebung der Kirche suchen."

Aber es gibt Trost für die Gemeinde: Bischof Rudolf bringt persönlich eine andere Reliquie des heiligen Wolfgang aus der Hauskapelle der Regensburger Bischöfe. Sie wird der bestohlenen Gemeinde leihweise überlassen. Es handelt sich dabei um einen Teil des Schädels des Heiligen. Bischof Rudolf betont, Reliquien seien die „Brücke" zu Jesus Christus. Weitere Körperteile des Heiligen befinden sich in der Emmerams-Basilika in Regensburg, in der Stadt St. Wolfgang im Salzkammergut sowie in Portugal.
>>> Die Vorstellung, dass nach dem Tod im Jahre 994 oder nach der Heiligsprechung im Jahr 1052 der Körper des Heiligen zerlegt wurde und die verschiedenen Teile in Europa als Reliquien verteilt wurden, ist grausam, scheußlich und abstoßend.

Berichte aus Katholien

>>> Diese Leichenteile sollen Brücken zu Jesus sein? Jesus war Jude, er hätte diese Praktiken sicher abgelehnt. Haben die Juden etwa Körperteile ihrer Propheten als Reliquien verehrt?

Ritterschlag im Dom.
Schon immer war die katholische Kirche bestrebt, den weltlichen Herrschern nachzueifern und genau wie diese (oder besser) Hof zu halten, zu repräsentieren, Macht und Reichtum zu demonstrieren. Man denke an die Fürstbischöfe, die eigene Streitkräfte und Gerichtsbarkeit hatten, oder z.B. an den Machtkampf zwischen König Heinrich VI. und Papst Gregor VII. (Canossa) im 11. Jahrhundert; oder an Papst Innocent III. (um 1200), der sich selbst als Statthalter Christi oder Gottes sah, von dem die weltlichen Herrscher ihre Reiche zu Lehen empfangen.

Anfang Oktober 2022 kam es nun im Dom zu Regensburg zu einer königlichen Zeremonie wie z.B. am englischen Hof von Queen Elisabeth II. Ein Erzbischof nahm 20 Damen und Herren in einen Ritterorden auf, sie knieten vor ihm nieder und er schlug sie mit dem Schwert zum Ritter. Dieser Erzbischof war seine Eminenz Großprior des Ritterordens vom Heiligen Grab zu Jerusalem, Reinhard Kardinal Marx, Erzbischof von München und Freising. An dieser Zeremonie nahmen einige Hundert Gäste aus dem In- und Ausland teil, u.a. hohe Würdenträger des Ordens aus mehr als sechs Ländern, darunter auch der bayerische Innenminister Herrmann. Die Ritter des Ordens tragen weite elfenbeinfarbene Mäntel, dazu Barett und weiße Handschuhe, die Damen tragen schwarze Mäntel und schwarze Schleier. Auf den Mänteln ist das rote Jerusalemkreuz zu sehen, ein griechisches Kreuz, bei dem in den vier Quadranten jeweils ein kleines griechisches Kreuz angeordnet ist. Diese fünf Kreuze werden als Wundmale Christi verstanden. Wer Mitglied werden will, muß katholisch sein und nach den Prinzipien der Kirche leben. Die Statthalterei in Deutschland und das Großmeisteramt in Rom entscheiden über die Mitgliedschaft. In Deutschland gibt es rund 1500 Mitglieder dieses Ordens.
>>> Ritterschlag im Dom mit Schwert, durch einen geweihten Priester? Jesus hätte diese Leute wahrscheinlich rausgeworfen.

Berichte aus Katholien

MMC Fusswallfahrt nach Maria Ort.

Die Marianische Männer-Congegration Regensburg „Mariä Verkündigung" besteht seit 1592 und ist eine der ältesten religiösen Vereinigungen. Ihre Hauptaufgabe ist die Verehrung der Jungfrau Maria.

Im August 2022 begab sich die MMC auf die seit 1659 bekannte Fußwallfahrt von der Kirche St. Jakob in Regensburg, der sogenannten „Schottenkirche", zur Wallfahrtskirche Maria Ort an der Naabmündung. Insgesamt ca. 120 Pilger, Männer mit Angehörigen, mit ca. 40 Bannern aus den umliegenden Gemeinden, zogen betend und singend die Straße entlang zum Donau-Ufer und überquerten den Fluß auf dem Steg der Eisenbahnbrücke. Bei sonnigem Wetter war es ein schöner Anblick, die hellbau-weißen Banner in langer Reihe über die Donau ziehen zu sehen. Die Mitglieder der MMC werden Sodalen genannt, geleitet wird die MMC von Priestern und Obmännern. Die Sodalen sollen das geistliche und kirchliche Leben in ihrer Pfarrgemeinde mitgestalten. Das Jahresthema lautet: „Betet ohne Unterlass". Der geistliche Mittelpunkt der MMC ist die Gnadenkapelle im Marienwallfahrtsort Altötting. Vom Heiligen Stuhl sind den Sodalen besondere Ablässe bewilligt. Ein vollkommener Ablaß ist gewährt am Tag der Aufnahme, bei der Teilnahme am Hauptfest und an Konventen. Bedingungen für den Ablass sind u.a.: jegliche Anhänglichkeit an irgendwelche Sünden muß ausgeschlossen sein, sowie Beichte, Kommunion und Gebet in der Meinung des Heiligen Vaters, d.h. beten für oder gegen etwas, so wie es der Papst vorgibt.

Hundertjahrfeier der Schützen des Donaugaues.

Im August 2022 kamen zu diesem Jubiläum mehr als 100 Schützenvereine nach Regensburg, um dort im Dom mit dem Bischof die Messe zu feiern, anschließend einen Umzug durch die Altstadt durchzuführen und schließlich auf dem Festplatz im großem Festzelt weiter zu feiern. Ca. 2200 Schützen und Schützinnen waren gekommen, 12 Musikkapellen spielten auf. Es war ein prächtiges Bild, als sich alle Teilnehmer nach der Messe auf dem Domplatz versammelten und für den Umzug aufstellten:

die Teilnehmer in ihren farbigen, unterschiedlichen Trachten, die Musikkapellen mit ihren im Sonnenschein blitzenden Instrumenten, die farbenprächtigen Vereinsfahnen mit ihren Fahnenbändern. Bischof Voderholzer hatte zuvor während der Messe im Dom die Fahnen und Fahnenbänder gesegnet. Er charakterisierte den Schießsport als friedlichen Wettbewerb und sagte, die Schützen stünden für die Bewahrung der christlich geprägten bayerischen Kultur.
>>> Was haben diese Schützen und der Schießsport mit Christus zu tun? Jesus Christus hätte ihre Fahnen sicher nicht im Dom gesegnet.

Brauchtum und Aberglaube

Schutzengel, Plaketten, Medaillen und Anhänger.
Zu Beginn der Corona-Pandemie hat der bayerische Wirtschaftsminister darauf hingewiesen, dass die genähten Gesichtsmasken nicht vorgeben dürfen, alles zu schützen. Das Wort „Schutz" sei kritisch und daher nicht erlaubt. Das wäre eine Irreführung. Viele Betriebe hatten bereits Abmahnschreiben erhalten. Die „Mittelbayerische Zeitung" jedoch bietet in ihrem Shop folgende Gegenstände mit entsprechendem Zusatztext an:
Schutzengelchen Medaille Raphael: …. *Stärke und Schutz für jeden Tag.*
Schlüsselanhänger: Engel mit Herz: … *spendet Schutz, Liebe und Glück.*
Schutzengel-Fahrrad-Plakette: … *für Schutz und Segen auf allen Wegen.*
Rosenkranz, Perlmutt: … *ein hochwertiges Stück für die Ewigkeit.*

>>> Darf man solche Produkteigenschaften (Stärke, Schutz, Ewigkeit) überhaupt zusagen? Das Gesetz gegen den unlauteren Wettbewerb (UWG) verbietet irreführende Angaben über wesentliche Merkmale der Ware. Es ist auf jeden Fall unwahr. Oder darf man es, weil sowieso niemand dran glaubt? Manchen Gläubigen, besonders Kindern, könnte diese Behauptung jedoch schaden, weil sie sich doch darauf verlassen und vielleicht in Gefahr begeben würden.

Berichte aus Katholien

Maria.
Im 30-jährigen Krieg hat Maria die Ortschaft Münnerstadt/Furth i.W. vor den protestantischen schwedischen Truppen gerettet. Maria fing die feindlichen Kugeln auf, worauf die Schweden aus Furcht vor Maria wieder abzogen. Dies ist die Grundlage für das jährliche Fest.
>>> Wer glaubt eigentlich ernsthaft so etwas?

Maria Ort.
An der Landspitze der Mündung der Naab in die Donau wurde vor Jahrhunderten ein Marienbildnis gefunden. Dieses Bildnis soll vom Schwarzen Meer die Donau stromaufwärts geschwommen sein bis zu diesem Platz. Daraufhin wurde hier eine Kirche errichtet und es entstand der Marienwallfahrtsort Maria Ort.
>>> Welche und wieviele Menschen glauben denn diese Geschichte?

Kräuterbuschen.
Typisch für den Feiertag Mariä Himmelfahrt sind Kräuterweihen, bei denen von den Frauen der Gemeinde zu Sträußen gebundene Heilpflanzen, Kräuter und Getreideähren gesegnet und gegen eine Spende verkauft werden. Sie sollen Schutz und Glück im Alltag bringen. Die Kräuterbuschen können auf dem Dachboden aufgehängt werden, sie bringen dem Haus und seinen Bewohnern Schutz und Segen bis zum nächsten Jahr. Verbrennen der Pflanzen schützt vor Blitz und Unglück.

>>> Schon in der Zeit vor Christus wurden von Frauen Kräuter gesammelt und verbrannt, diese Frauen galten jedoch als Hexen. Da die katholische Kirche diesen Brauch nicht ausrotten konnte, übernahm sie ihn mit folgender Mariengeschichte: In den „apokryphen Evangelien" ist beschrieben, wie Christus mit den Engeln erschien und Maria mit sich in den Himmel nahm. Statt des Leichnams der Maria fanden darauf die Jünger im leeren Grab Lilien und andere Gewächse und ein wundersamer Duft heilbringender Kräuter erfüllte die Luft. Die Apokryphen sind die sogenannten versteckten Bücher, die nicht Teil der Bibel sind. Wieso sollten gerade diese glaubhaft sein?

Berichte aus Katholien

Frauentragen.
In Sinzing, Brennberg u.a. Orten wurde eine Tradition wieder zum Leben erweckt: Die Holzstatue einer schwangeren Madonna wird von der Pfarrei für die Adventszeit besorgt und gesegnet. Im Ort Sünching z.B. nennt man die Figur „Muttergottes in der Hoffnung". Nun folgt die Aussendung: In einem Holzkästchen: zusammen mit Gebetshilfen und Ausmalblättern für Kinder wird diese Maria von einer Familie, Gruppe oder auch Einzelperson zur nächsten gebracht. Für eine Übernachtung bleibt die Holzfigur dann bei den Gläubigen. Ein Pfarrer sagte, auf diese Weise könnten die Familien um den Segen der Maria bitten.

Ostern.
Den Palmsonntag 2020 (Corona) feierte Bischof Rudolf alleine im Dom, die Weihe der heiligen Öle am Montag feierte er ebenfalls allein. Normalerweise werden die heiligen Öle dann an die Pfarrer verteilt. Im Notfall können die Pfarrer die Segnung des Krankenöls aber auch selbst vornehmen. Der Gründonnerstag wurde ohne Fußwaschung gefeiert. Da in der Osternacht keine Taufe gespendet wurde, wurde die Segnung des Wassers in einfacher Form durchgeführt. Am Ende der Feier wurden die Osterspeisen gesegnet.

Aus der „Mittelbayerischen": „Am Ende der Osternacht, wenn der Pfarrer den Weihwasserpinsel nochmals tief in den Kessel taucht (…) werden bei Einigen versteckt die Handtaschen geöffnet. „D'Weih" soll besonders gut hineinkommen zu Geräuchertem, Salz und Eiern. Wer seine Osterspeisen gut einpackt, braucht sich dennoch keine Sorgen zu machen, dass der Segen nicht durchdringt. (…) Gerade als das Ostergeräucherte fertig war, besuchte der Pfarrer die Metzgerei. Er segnete Schinken, Eier und Salz gleich vor Ort…"
Antwort dieser Zeitung auf eine Leserfrage: „Ostern hat viele Rituale. Wenn Sie Kirchgängerin sind, nehmen Sie an Ostern auch Geräuchertes, Butter, Brot, Eier und Quarkkuchen zum Weihen in die Kirche mit."

Berichte aus Katholien

Kirchenglocken:
Bei einer geweihten Glocke handelt es sich um eine Sakramentalie, die mit heiligem Chrisamöl konsekriert wird. Diese Glocke kann nun große Wirkmacht entfalten, z.B. Feinde fernhalten, Hagel, Unwetter und Blitzgefahr bannen. Die kleinere Sakristeiglocke ruft zu Beginn der Heiligen Messe die Gläubigen zu Ehrfurcht. Sie sollen mit den „Augen des Glaubens" den einziehenden Pfarrer als Christus ansehen.
>>> Diese märchenhafte „Wirkmacht" einer Glocke ist wirklich erstaunlich. Dass die Gläubigen den Pfarrer als Christus ansehen sollen, hat sich bisher immer sehr nachteilig für die missbrauchten Kinder und Jugendlichen ausgewirkt.

Kirchweih, Kirta, Kirwa, Kerwa, Keada
An den Seitenwänden jeder katholischen Kirche befinden sich die zwölf sogenannten Apostelleuchter. Diese werden nur einmal im Jahr angezündet: beim Kirchweihfest. Dieses Fest erinnert an die erste Weihe dieser Kirche, die meist vor langer Zeit durch einen Bischof vorgenommen wurde. Die Kirchweih wird in der Regel am Namenstag ihres Schutzpatrons gefeiert, am Patrozinium. Die Kirchweih ist ein Volksfest, auch Kirta, Kerda, Kerwa genannt. Junge Männer aus der Gemeinde, die Kirtaburschen, stellen einen vorbereiteten Kirtabaum auf, die Kränze und Festbänder dafür fertigen die Madln an. Die Frauen backen Kirchweih-Küchl oder Kiachl. Es folgt der Kirchenzug durch den Ort mit den Vereinen, der Festgottesdienst und danach Musik und Tanz.

Palmsonntag.
Im 14. Jahrhundert entschied eine Äbtissin des ehemaligen Dominikanerinnenklosters Adlersberg bei Regensburg, dass am Palmsonntag jeder Gast seinen Palmator und jedes Kind eine Breze bekommen soll. Das war der Ursprung des „Bockanstichs". Die Brauerei ließ in diesem (2021) Jahr 10.000 Liter Starkbier brauen, denn normalerweise kommen 10.000 Gäste. Palmsonntag und Ostern sind die Zeiten mit dem höchsten Umsatz.

Berichte aus Katholien

Leonhardi-Ritt.

Zu Ehren des heiligen Leonhard von Limoges findet an seinem Namenstag, dem 6. November, in vielen Gemeinden der Leonhards-Ritt statt mit Segnung der Reiter und Pferde. Leonhard ist der Schutzpatron der landwirtschaftlichen Tiere, besonders der Pferde.

Blasiussegen.

Am 3. Februar, dem Tag des Heiligen Blasius, wird der Blasiussegen gespendet. Die Gläubigen kommen in die Kirche zum „Einblasln". Der Pfarrer hält dabei zwei gekreuzte Kerzen vor den Kopf des Gläubigen und murmelt eine lateinische Segensformel. Durch die Fürsprache des Heiligen soll man von jeglichem Halsleiden befreit werden. Blasius ist übrigens auch der Schutzpatron gegen verletzende Sprache.
>>> Sind das nicht heidnische Bräuche, einst zelebriert von Medizinmännern und Druiden?

Agathabrot

Der 5. Februar ist der Gedenktag für die heilige Agatha von Catania. An diesem Tag oder am Vorabend werden in katholischen Gegenden Brote gesegnet und verteilt, die „Agathabrote". Mancherorts kommt der Pfarrer schon frühmorgens in die Bäckerei und segnet schon dort das frische Brot. Dem gesegneten Brot werden viele Schutzwirkungen zugeschrieben: Schutz vor Fieber, Krankheiten der Brust, Heimweh, Schutz und Heilmittel für das Vieh, Schutz vor Feuer im Haus. Agatha ist auch Schutzpatronin der Feuerwehr, denn ein Lavastrom des Ätna konnte nur mit Hilfe des Schleiers der Agatha gestoppt werden. Ein Brand in der schweizerischen Stadt Zug konnte erst gelöscht werden, nachdem man gesegnetes Agathabrot ins Feuer geworfen hatte. Die Priesterbruderschaft St. Petrus, also Männer, die jahrelang studiert haben, schreibt dazu in ihrem Informationsblatt vom Januar 2023: „Das Agathabrot wird zum Schutz vor Feuer im Haus aufbewahrt. Es kann aber auch gegessen werden".
>>> Das ist der Aberglaube pur. Wie kann man so etwas glauben?

Berichte aus Katholien

Weihnachten.
Die katholische Kirche lehnte einst den Weihnachtsbaum als Symbol für das Weihnachtsfest ab. In ihren Augen war das unreligiöses Brauchtum. Erst Mitte des 20. Jahrhunderts wurden Christbäume in katholischen Kirchen erlaubt. Papst Johannes Paul II. ließ im Jahre 1982 den ersten Weihnachtsbaum auf dem Petersplatz in Rom aufstellen. (Text aus einem Pfarrbrief entnommen).

Anzeige eines Regensburger Gasthauses im Dez. 2019:
    Sonntag 15. Dez. ab 17 Uhr: Besinnliche Adventsgaudi.
    Mittwoch 25. Dez. ab 21 Uhr: Weihnachtskaraoke.

Dreikönigstag.
Die Weihnachtszeit endet erst am 2. Februar, „Mariä Lichtmess". Die Priesterbruderschaft St. Petrus bietet Wohnungssegnung in der Weihnachtszeit an: „Von alters her ist es Brauch, am Dreikönigstag mit Weihrauch durch Haus, Hof oder Wohnung zu gehen und die Räume mit neugeweihtem Dreikönigswasser zu besprengen, um den Segen Gottes herabzurufen und das Böse abzuwehren. Dazu bieten wir Ihnen geweihte Dreikönigs-Päckchen mit Weihrauch, Kohle und Kreide zum Mitnehmen in Ihr Zuhause an. Gerne kommen wir auch zur feierlichen Wohnungssegnung zu Ihnen nach Hause."

Böllerschießen.
Dieser Brauch geht zurück auf das 14. Jahrhundert, er sollte böse Geister vertreiben. Der Schützenverein Rohr (Kelheim) böllert zu folgenden Gelegenheiten: Neujahr, Ostern, Weihnachten, Heldengedenken, Volksfesten, Beerdigungen, Geburtstagen und am Barbara-Tag. Zu Ehren der heiligen Barbara veranstalteten die Kanoniere und Böllerschützen des Kreisverbandes Parsberg im Bayerischen Soldatenbund im November 2020 ein gemeinsames Böllerschießen auf dem Eichlberg. Die heilige Barbara ist die Schutzheilige der Artillerie, Kanoniere, Feuerwerker, Bergleute, Glöckner, Gefangenen und Sterbenden. (…) Treffpunkt für alle Kanoniere und Böllerschützen mit ihren Gerätschaften war auf dem Eichlberg unterhalb der Wallfahrtskirche.

Berichte aus Katholien

In Hemau auf dem Volksfestplatz werden die Kanoniere und Böllerschützen des Kreisverbands Parsberg am 2. Advent 2022 ab 18 Uhr ein gemeinsames Böllerschießen zu Ehren der heiligen Barbara veranstalten. 23 Feuerstationen werden beteiligt sein: 5 Kanonen, 2 Standböller, 16 Hand- und Schaftböller. Als Schussvarianten gibt es den Salut, d.h. ein gleichzeitig von allen abgegebener Schuss, den Doppelschlag sowie die langsame und schnelle Reihe vor- und rückwärt.
>>> Gehört das in die Adventszeit? Was ist denn daran christlich?

In Burgweinting bei Regensburg wurden 2022 an Fronleichnam frühmorgens zu Beginn der Prozession 3 Böllerschüsse abgefeuert. Der Geistliche predigte über den Krieg und die Menschen in der Ukraine. Ein katholischer Student aus NRW fand das sehr unpassend und wandte sich an die „Mittelbayerische". In Leserbriefen wurde der Student daraufhin aufgefordert, nach NRW zurückzugehen, wenn ihm dieses Brauchtum nicht gefalle. Der Pfarrer meinte jedoch dazu, die Böllerschüsse seien Ehrensalut für den eucharistischen Herrn. Das Bistum erklärte, es sei eine uralte Tradition, die zum überlieferten Volksgut gehöre. Das Zurschaustellen von Waffen und Uniformen stehe für den Wunsch nach Frieden. Böllerschüsse seien Ermahnungen für den Frieden und gelebtes Zeugnis der Geschichte.
>>> Ist das nicht zynisch? Ist das nicht Krawallgaudi statt Glaube?

Sonnwendfeuer oder Johannifeuer?
In vielen Gemeinden wird Ende Juni die Sonnenwende und/oder das Johannesfest gefeiert. Dabei wird ein Holz- oder Buschenhaufen, manchmal garniert mit einer Puppe, nach einigen Gebeten des Pfarrers entzündet und die Gemeinde beobachtet das Flammenspektakel. Die Regensburger Brauerei Bischofshof, deren Eigentümer das Bistum ist, unterstützt diese Feiern natürlich gern mit ihren Bierwagen.

>>> Das Sonnenwendfeuer ist eine uralte Tradition der Germanen und anderer Völker. Diese „Heiden" feierten ein astronomisches, göttliches Ereignis, da sie erkannt hatten, was hier mit Sonne und Erde passiert.

Berichte aus Katholien

>>> Die katholische Kirche hat diesen Brauch für sich instrumentalisiert und lässt die Gläubigen anstelle des wahrhaft göttlichen Ereignisses nun einen Menschen, Johannes den Täufer, feiern, der genau 6 Monate vor Jesus geboren sein soll. Daher die Bezeichnung Johannifeuer bzw. Johannifest. Nun kann ein katholischer Priester das vormals heidnische Feuer segnen und mit Weihrauch besprengen, bevor es entzündet wird. Als nunmehr christliches Feuer erinnert es aber doch sehr an die von der katholischen Kirche mitverantworteten Verbrennungen von unschuldigen Frauen, den Hexen, und an die Verbrennung der sogenannten Ketzer wie z.B. des Jan Hus, den böhmischen Reformator.

In ländlichen Regionen Bayerns gibt es noch den Brauch, sogenannte Gewitterkerzen anzuzünden, wenn ein Unwetter naht. Damit sollen Blitzeinschläge und Schäden abgewendet werden. Im Allgäu werden gesegnete „Palmboschen" an Vorgartenzäune gebunden zur Abwehr des Bösen

>>> Die Religion verliert mehr und mehr ihre Glaubwürdigkeit und ihre Bedeutung. Sie vermittelt aber noch, besonders in ländlichen Gebieten, ein Gemeinschaftsgefühl. Die kirchlichen Feiertage und die damit verbundenen Aktivitäten außerhalb der kirchlichen Gottesdienste wie z.B. Prozessionen und Wallfahrten, sind Bestandteil des dörflichen Lebens geworden. Diese Aktivitäten bleiben beliebt, obwohl der religiöse Anlass in den Hintergrund gerückt ist. Manch einer wird garnicht mehr genau wissen, worum es hier eigentlich geht.
Traditionen, die die Alten noch als Religion verstehen, werden für die Jüngeren zur Folklore. Den jungen Menschen ist es doch nicht wichtig, welchen religiösen Grund es eigentlich für die jeweilige Feier gibt. Sie erfreuen sich an der gemeinsamen Aktion und dem farbigen Schauspiel. Eine Überprüfung des persönlichen Glaubens und Wissens über die Hintergründe des Festes würde wohl enttäuschend ausfallen. Ein Beispiel dafür ist das jährliche Böllern und Schießen zum Tag der heiligen Barbara am 4. Dezember, sogar wenn dies der Adventssonntag ist.

>>> Hat das für die Böllerschützen noch irgendetwas mit Religion, mit Jesus Christus zu tun? Oder ist es nicht hauptsächlich die Freude am Lärm machen, an der Kameradschaft und dem Biertrinken im Gasthof?

Aberglaube.
Nach WIKIPEDIA (30.06.2022) bezeichnet Aberglaube einen als irrig angesehenen Glauben an die Wirksamkeit übernatürlicher Kräfte in bestimmten Menschen und Dingen. Alles was nicht der herrschenden, wahren Religion oder Weltanschauung entspricht, wird negativ als Aberglaube gewertet.
Aber auch zur Beschreibung übertriebener Religiösität kann der Begriff Aberglaube verwendet werden. (lat. Superstitio = Aberglaube, Überglaube). Aberglaube entsteht durch die falsche Verknüpfung von Ursache und Wirkung. Aus atheistischer Sicht ist jede Religion Aberglaube.

>>> Die katholische Kirche bezeichnet z.B. Ketzertum als Aberglaube, da sie nach ihrer Vorstellung im alleinigen Besitz der „Wahrheit" ist. Heute bezeichnet die katholische Kirche den Aberglauben ihrer Gläubigen jedoch als Volksglaube, Volksfrömmigkeit, überliefertes Volksgut und Brauchtum und fördert ihn sogar. Aus machtpolitischen Gründen hat die katholische Kirche über die Jahrhunderte dem Volk den heidnischen Glauben ausgetrieben und durch einen christlichen Aberglauben ersetzt. Sie wagt es jedoch nicht, gegen Reste des heidnischen Aberglaubens (Brauchtum!) und diesen christlichen Aberglauben anzugehen, weil sie fürchtet, dadurch ihre Mitglieder zu verlieren. Also akzeptiert sie dies und nennt es z.B. „Volksfrömmigkeit".

>>> Glauben die katholischen Kleriker eigentlich auch selbst an diese „Wirkungen", die von ihnen behauptet werden? (z.B. Blasiussegen oder Agathabrot). Warum können diese Männer nach ihrem mehrjährigen Studium nicht zugeben, dass solche Behauptungen reiner Unsinn sind? Sollen das die „Wahrheiten" sein, die allein die katholische Kirche besitzt und ihren Gläubigen verkündet?

2. Katholische Spezialitäten

Papst und Vatikan

Der Heilige Vater.
Der Papst wird von den Katholiken „Heiliger Vater" genannt, er hat das Lehramt der Kirche.
>>> Jesus aber sagte: „Auch sollt ihr niemanden auf Erden euren Vater nennen; denn nur einer ist euer Vater, der im Himmel. Auch sollt ihr euch nicht Lehrer nennen lassen; denn nur einer ist euer Lehrer, Christus." (Matth. 23, 9-10).

Die Kirche.
Die Geschichte der Päpste beginnt nach Auffassung der katholischen Kirche mit Simon Barjona, einem Jünger Jesu. Jesu soll zu ihm gesagt haben: „Ich aber sage dir: Du bist Petrus und auf diesen Felsen werde ich meine „Kirche" bauen und die Pforten der Unterwelt werden sie nicht überwältigen. Ich werde dir die Schlüssel des Himmelreichs geben; was du auf Erden binden wirst, das wird im Himmel gebunden sein, und was du auf Erden lösen wirst, das wird im Himmel gelöst sein." (Matth. 16, 18-19). Aus diesem Grund wird Petrus von der katholischen Kirche als erster Papst bezeichnet.

>>> Diesen Satz gibt es in den drei anderen Evangelien nicht. Den Begriff „Kirche" gab es zu Jesu Zeiten noch garnicht, es gab Tempel und Synagogen. Die evangelische Bibel verwendet den richtigen Begriff „Gemeinde". Der dieser Übersetzung zugrunde liegende griechische Begriff „ecclesia" wurde erst viel später mit „Kirche" übersetzt. Die katholische Bibel suggeriert aber mit dem Begriff „Kirche", Jesu habe schon damals die heutige römisch-katholische Kirche gemeint. Petrus war verheiratet und wurde viele Jahre nach Jesu Tod der Vorsteher der christlichen Gemeinde in Rom, aber damit war er nicht Vorgesetzter (Papst) über alle christlichen Gemeinden im östlichen Mittelmeerraum!

Katholische Spezialitäten

Die Apostolische Sukzession.
Einige der nachfolgend genannten Päpste waren sehr üble Menschen, zum Beispiel Alexander VI. aus der Familie der Borgia. Er war Papst von 1492 bis 1503. Als er starb hinterließ er neun Kinder von verschiedenen Frauen. Seinen Sohn César machte er mit 17 Jahren zum Bischof von Valencia, ein Jahr später zum Kardinal. Mit seiner Tochter Lukrezia hatte er Sex. Aus der Familie der Borgias kamen 11 Kardinäle, zwei Päpste, eine Königin, ein Heiliger.

Mit Anastasius I. (Papst von 399-401) begann die üble Gewohnheit, die eigenen Kinder zu kirchlichen Würdenträgern zu machen, d.h. es ging hauptsächlich um Geld und Macht. Einer der Söhne wurde schließlich mit 17 Jahren zum Papst Innozenz I. (Papst von 401-417).

Papst Sixtus III. (Papst von 432-440) wurde der Vergewaltigung und Unzucht mit einer Nonne angeklagt.

Papst Gregor I. (Papst von 590-604) war bekannt für seine grausame Intoleranz gegenüber Heiden und Glaubensabweichlern.

Papst Johannes XII. (Papst von 955-964) wurde noch minderjährig zum Papst gewählt. Alle möglichen Sünden wie Folter, Mord, Ehebruch, Inzest, Ämterverkauf usw. wurden von ihm begangen.

Papst Jean XXIII. (Papst von 1316 -1334) publizierte eine Liste der gültigen Ablasstarife; sogar für Kindesmord oder Vergewaltigung konnten Ablässe gekauft werden. Geld war eben wichtiger als Moral.

Papst Paul II. folgte ihm, er bekannte sich offen zu seiner Homosexualität. Mit 23 Jahren war er bereits Kardinal geworden.

Papst Sixtus IV. startete die spanische Inquisition, ein dunkles Kapitel der römisch-katholischen Kirchengeschichte wegen der Exzesse von Folter, Hinrichtungen, Verbrennungen. Er ließ die Sixtinische Kapelle erbauen. Privat vergnügte er sich mit Lustknaben und Prostituierten.

Katholische Spezialitäten

Papst Innozenz III., sein Nachfolger, förderte die Inquisition und Hexenverfolgung; bis zu seinem Tode 1492 hatte er 16 anerkannte Kinder gezeugt.

Papst Innozenz X. (Papst von 1644-1655) hatte sich eine Luxuswohnung an der Piazza Navona einrichten lassen. Sie war mittels eines unterirdischen Tunnels mit dem Vatikan verbunden. Dieses Liebesnest nutzte er bis zu seinem Tode 1655, zusammen mit seiner Schwägerin Olimpia Maidalchini. Sie wurde daher „La Papessa" genannt, die Päpstin.

>>> Wie kann man bei Kenntnis dieser Fakten behaupten und glauben, dass die Weitergabe der göttlichen Vollmachten bzw. Weihen von Jesus und den Aposteln, die „Apostolische Sukzession", durch alle diese Päpste ununterbrochen erfolgte und unversehrt bei den heutigen Würdenträgern angekommen sein soll? Wie geht die Kirche eigentlich mit den Lehren, Enzyklen, Bullen und den Weihen dieser schlechten Päpste um? Sind deren Dokumente, Verlautbarungen, Dogmen und Weihen etwa gültig geblieben?

Die Unfehlbarkeit.
Im „Kleinen Katechismus des katholischen Glaubens" heißt es: „Die katholische Kirche wird vom Heiligen Geist vor jedem Irrtum in der Glaubens- und Sittenlehre bewahrt. Weil die Kirche im Glauben nicht fehlen (nicht irren) kann, heißt sie: unfehlbar."

>>> In Anbetracht der Verfolgungen und der Verbrechen an frommen, bibeltreuen Christen in den vergangenen Jahrhunderten klingt diese Aussage wie Blasphemie, wie Gotteslästerung. Die katholische Kirche schiebt damit die Verantwortung für alle ihre Verbrechen von sich weg und erklärt, GOTT bzw. sein Heiliger Geist sei dafür verantwortlich. Nach dem Motto: „wir waschen unsere Hände in Unschuld, denn der Heilige Geist ist es ja, der uns führt und leitet." Bemerkenswert ist auch, dass die katholische Kirche diese Unfehlbarkeit erst im Jahre 1870 selbst entschieden und festgelegt hat. Was war aber vor dieser Zeit? Wer war damals verantwortlich für die Verbrechen im Namen Gottes? Wo war der Heilige Geist damals?

Jesus hat eine „Bewegung" geschaffen, keine Behörde, keine Hierarchie, keine Diktatur. Er hat keinen Kult begründet, keine Rituale, keine Liturgie. Papst Franziskus sagte im Februar 2022: „Das größte Übel der Kirche ist die geistliche Mondänität, eine mondäne Kirche. Der Klerikalismus ist die Perversion der Kirche".

Maria und Josef

Maria ist die leibliche Mutter Jesu Christi. Da der Apostel Paulus die Kirche als „Leib Christi" bezeichnet hat, wird Maria auch als Mutter der Kirche bezeichnet. Nichtkatholiken haben oft den Eindruck, dass Maria in der katholischen Kirche mehr verehrt wird als Jesus. Die Priesterbruderschaft St. Petrus weiß dazu folgendes (Heft Aug.-Sept.2022): „Gott wird nie eine Bitte Mariens abschlagen, denn sie hat in ihrem Unbefleckten Herzen die innigste Liebe zur allerheiligsten Dreifaltigkeit. Maria ist die geliebte Tochter des Vaters, die erhabene Mutter des Sohnes und die immer keusche Braut des Heiligen Geistes."

>>> Obwohl die Bibel, das „offenbarte Wort Gottes", mehrfach von Brüdern und Schwestern Jesu spricht, lehrt die katholische Kirche, dass die „Heilige Überlieferung" sagt, Maria sei kinderlos geblieben. Außerdem wird gelehrt, Maria sei immer Jungfrau gewesen, vor, während und nach der Geburt Jesu; sie hatte die „immerwährende Jungfräulichkeit". Woher weiß man das? Wurde etwa die Jungfräulichkeit geprüft, so wie das im Vorderen Orient noch heute üblich ist? Die katholische Kirche sucht sich aus Bibel und Überlieferung das jeweilig Passende heraus. Wenn die katholische Bibel die „irrtumsfreie göttliche Offenbarung" ist, dann war Maria die Mutter mehrerer Kinder und keineswegs lebenslange Jungfrau.

>>> Auch das Dogma von der „unbefleckten Empfängnis Mariens" hat der Heilige Geist der katholischen Kirche erst ziemlich spät offenbart, nämlich erst 1854 durch Papst Pius IX. Das dazugehörige Hochfest wird stets am 8. Dezember gefeiert.

Katholische Spezialitäten

Man stand vor dem Problem, dass Jesu, entsprechend der christlichen Lehre, wie alle anderen Menschen die Erbsünde seit Adam und Eva geerbt hätte. Da er aber göttlichen Ursprungs sein soll, musste man eine Begründung finden, dass er die Erbsünde nicht bekommen habe. Diese Begründung ist mit dem Dogma der „unbefleckten Empfängnis" gefunden worden: Maria selbst ist von der Erbsünde bewahrt worden, weil sie ohne Erbsünde im Leibe ihrer Mutter Anna von ihrem Vater Joachim empfangen wurde. Damit war nun sichergestellt, dass später Jesus in Marias Leib ebenfalls frei von der Erbsünde war. Ebenfalls recht spät, nämlich erst 1950, wurde von Papst Pius XII. das Dogma von der „leiblichen Aufnahme Mariens in den Himmel" verkündet. Von dieser Aufnahme Mariens in den Himmel weiß jedoch die Bibel, das „irrtumsfreie offenbarte Wort Gottes" garnichts. Warum wurden diese „Tatsachen" erst so spät, nach fast 2000 Jahren, bekannt? Wenn Maria ohne Erbsünde empfangen wurde, werden neben Jesu auch Marias andere Kinder ohne Erbsünde zur Welt gekommen sein. Daher leben heute gewiss eine sehr große Anzahl Menschen ohne Erbsünde auf unserer Erde....

Viele Darstellungen der Maria sind sogenannte „Gnadenbilder", vor denen die Gläubigen von Gott eine Gnade erbitten. Für viele dieser Bilder gibt es märchenhafte Erzählungen über deren Herkunft, Geschichte und Wirkungen. Sie sind häufig das Ziel von Wallfahrten, z.B. Altötting.

Josef ist der Schutzpatron der Familie und der gesamten katholischen Weltkirche, außerdem ist er der Schutzpatron der Adoptiveltern, weil er ja nicht der leibliche Vater von Jesus war. Jesus war offensichtlich kein Familienmensch, denn mit seinem Vater hatte er wenig bzw. gar keinen Kontakt. Man weiß daher von Josef nur sehr wenig, von ihm ist kein einziges Wort überliefert. Er kommt in der Bibel praktisch nicht vor, außer bei der Geburt Jesu und der Flucht nach Ägypten; dennoch wird er als vorbildlicher Vater und Haupt der Familie charakterisiert. Josef hatte entsprechend der Lehre der katholischen Kirche niemals Sex mit Maria, obwohl in der Bibel außer Jesus noch weitere Kinder erwähnt werden. Das passt doch recht gut zur Sexualmoral der katholischen Kirche und zum Zölibat.

Katholische Spezialitäten

Die Priesterbruderschaft St. Petrus schreibt begeistert in ihrem Infoblatt März 2021: „Im Evangelium schimmert die beherzte, mannhaft väterliche Persönlichkeit des hl. Josef durch. Den Beschützer der Hl. Familie rufen wir als Schutzherrn der ganzen Kirche und aller Gläubigen an, besonders der Notleidenden und Heimatlosen sowie der Familien". Im Infoblatt Aug./Sept. 2021: „Die Gläubigen aller Jahrhunderte haben Joseph als Arbeiter und Helfer in finanzieller Not geliebt und verehrt". Im Infoblatt Nov. 2021: „Wegen der Liebe, die Jesus und Maria einst dem sterbenden Joseph erwiesen, ist sein eigener Name nun so mächtig, wenn ein armes Menschenkind sterben muß. Sein Name ist mächtig, böse Geister zu vertreiben und vor dem ewigen Tod zu bewahren, sodaß die Seele über das persönliche Gericht hindurch zur ewigen Freude gelangen wird". Im Infoblatt Dez. 2021: „Dass die Ehe zwischen der Allerseligsten Jungfrau Maria und Joseph jungfräulich blieb, macht ihn zu einem besonders starken Helfer und Fürsprecher für die Verlobungszeit". Und schließlich noch im Infoblatt März 2022: „Das sind Wahrheiten, die immer stimmen".

>>> Wahrheiten? Wunderbare, märchenhafte, interessante Aussagen über einen Mann, von dem doch die Kirche nur sehr wenig weiß. Woher kommen denn alle diese Weisheiten?

Im Infoblatt April 2021 heißt es: „Josef ist verlobt, aber Maria ist schwanger. Josef will sich daher zurückziehen, weil er sich des Gotteskindes unwürdig fühlt...(...). Josef ist das vollkommene Beispiel der hingebenden Liebe..."!

>>> Diese Aussage ist jedoch eindeutig falsch, denn Josef weiß noch garnicht, dass es ein Gotteskind ist. (Matth. 1, 18-24). Josef will die schwangere Verlobte verlassen, aber da erscheint ein Engel und sagt ihm, dass es ein Gotteskind ist. Er befiehlt ihm, Maria mit dem Kind anzunehmen! Josef handelt also nicht selbst so edel und vollkommen, sondern weil es ihm befohlen wurde. Das soll nun ein „vollkommenes Beispiel hingebender Liebe" sein? Warum wird dies ganz anders erzählt als es sogar in der katholischen Bibel steht? Offensichtlich möchte man den Josef „erhöhen".

Katholische Spezialitäten

Heilige Messe und Sakramente

Heilige Messe.
Die Priesterbruderschaft St. Petrus behauptet: „Ohne die Heilige Messe wäre die Welt verloren." Diese Aussage der Priesterbruderschaft ist aus nichtkatholischer Sicht natürlich Unsinn. Warum sollte denn die Welt, Gottes Schöpfung, verloren sein ohne katholische Messe?

Für Katholiken ist die Feier der Messe die höchste Form der Gottesverehrung. Die Messe versetzt die Gläubigen in die Leidenszeit Jesu mit letztem Abendmahl, Opferung und Auferstehung. Katholiken glauben, dass der Priester in der Messe das Brot (die Hostie) und den Wein in den realen Leib und das reale Blut Christi verwandelt (konsekriert). Diese Wandlung wird „Heilige Eucharistie" genannt. Katholiken glauben, dass Jesus Chrisus in der „Heiligen Eucharistie" gegenwärtig ist, d.h. tatsächlich anwesend ist. Die Messe kann nur von geweihten Personen (z.B. Priester, Bischof, Papst) gehalten werden. Nur diese Geweihten haben dafür die Vollmacht. Das Versäumen der Heiligen Messe am Sonntag oder Feiertag gilt als schwere Sünde.
>>> Ähnliche Rituale haben christliche Europäer auf ihren Eroberungszügen bei fremden Völkern sehr oft vorgefunden. Diese verehrten ebenfalls ihren Gott oder Götter. Diese fremden Rituale wurden als „heidnisch" weggefegt, stattdessen wurde ein „besseres", dieses christliche Ritual eingeführt. Was hätte Jesus zu diesem Ritual gesagt? Hätte er z.B. das Versäumen der Messe ebenfalls als schwere Sünde bezeichnet? „Gottesverehrung" ist doch auch die Bewunderung, Verehrung und Bewahrung seiner Schöpfung: aller Lebewesen, der Natur, des Planeten Erde, des Sternenhimmels, des Universums, usw. wie die Europäer es doch häufig gerade bei diesen heidnischen Völkern vorgefunden haben, ohne jegliche Mitwirkung eines katholischen Priesters.

Das Messstipendium.
Ein Priester wird beauftragt, eine bestimmte Fürbitte in die Zelebration seiner Messe mit aufzunehmen.

Katholische Spezialitäten

Für diese Fürbitte, die sogenannte Intention, erhält er ein Entgelt. In alten Zeiten übergab man dem Priester dafür kein Geld sondern andere Gaben. Ein ganz besonderes, aktuelles Beispiel gibt es in Regensburg in der Pfarrei St. Bonifaz. Hier können die Gläubigen dem Bischof Gaglo in Togo/Afrika ein Messstipendium geben, in dem sie ihn per Formular und beigefügten 5,00 Euro beauftragen, in seiner Messe in Togo eine Fürbitte für einen bestimmten Verstorbenen hier in Regensburg aufzunehmen.

>>> Leute im fernen Afrika sollen für die Verstorbenen in Deutschland beten und werden dafür bezahlt. Ist das nicht sehr seltsam?

Sakramente.

Die Evangelische Kirche Deutschlands (EKD) definiert ein Sakrament als „eine menschliche Handlung, in der die göttliche Dimension unseres Lebens sichtbar wird." Bei den Protestanten gelten Taufe und Abendmahl als Sakramente, weil Jesus diese selbst eingesetzt und diese Handlungen auch selbst durchgeführt hat. Die katholische Kirche dagegen hat noch zusätzlich fünf weitere Sakramente definiert: Firmung, Eheschließung, Beichte/Buße, Krankensalbung und Priesterweihe. Sie sagt: „diese sieben Sakramente sind der konkrete Ort, an dem wir Christus begegnen."

>>> Solche Handlungen hat Jesus niemals persönlich ausgeführt, sie wurden erst von der katholischen Kirche zu Sakramenten „heilig" gesprochen. Es stellt sich die Frage, ob eine weltliche Organisation wie die Kirche selbständig Sakramente definieren kann. Das kann man bezweifeln und annehmen, dass der eigentliche Sinn dieser zusätzlichen Sakramente darin besteht, die eigenen Gläubigen stärker zu binden und zu steuern. Mit Hilfe dieser Zusatz-Sakramente lassen sich Belohnungen (Spenden der Sakramente) und Strafen (Verweigerung der Sakramente) verteilen, um die Gläubigen zum Gehorsam gegenüber der Kirche zu bewegen. Zusätzlich erweitern diese Sakramente den Arbeitsbereich der katholischen Kirche erheblich, denn mittels der Sakramente kann man nun alle wichtigen Ereignisse im Leben eines Gläubigen begleiten und sich dabei unentbehrlich machen.

Katholische Spezialitäten

Das Ehe-Sakrament entstand erst Mitte des 12. Jahrhunderts. Seitdem sieht die Kirche die Ehe nicht als zivilen Vertrag sondern als Sakrament an. Das entsprechende Kirchengesetz wurde 1215 unter Papst Alexander III. eingeführt. Indem nun allein die Kirche eine Ehe schließen oder für ungültig erklären konnte, hatte sie viel Macht gewonnen und konnte Ehen zwischen hochgestellten Persönlichkeiten, Herrschern usw. verhindern, wenn diese nicht zu ihren eigenen Plänen passten.

Weihwasser

Wichtig bei der Herstellung von Weihwasser ist es, das nur Salz verwendet wird, welches vorher exorzisiert und gesegnet wurde. Es ist dann frei von Dämonen. Weihwasser hat eine doppelte Bedeutung: Es erinnert an die Taufe und hat eine „von Gott kommende Wirkmacht" zur Abwehr finsterer Mächte und zur Reinigung von deren Einfluss. Als Getaufte und Gefirmte haben die Gläubigen Anteil am Allgemeinen Priestertum aller Getauften. Durch den Heiligen Geist sind sie mit der Vollmacht zum Segnen ausgestattet und sollen mit dem Weihwasser reichlich Gebrauch davon machen, also auch ohne Priester. (aus dem Informationsblatt der Priesterbruderschaft St. Petrus, 04/21). Die Freisinger Bischofskonferenz z.B. forderte die Gläubigen auf, die Gräber an Allerheiligen/Allerseelen mit Weihwasser selbst zu segnen.
Der Pfarrer von St. Wolfgang in Regensburg hat Weihwasser gesegnet und in kleine Flaschen abfüllen lassen, Gläubige können es nun mitnehmen. Er sagte: „Weihwasser schützt nicht automatisch gegen das Corona-Virus, (…) jedoch ist es seit zwei Jahrtausenden bestes Heilmittel gegen alles Böse, das von außen in uns eindringen will."

>>> Jesus und die Apostel kannten kein Weihwasser, es ist eine Erfindung der katholischen Kirche. Katholische Gläubige haben gelernt, dass sie sehr viel segnen und weihen benötigen. Sie erhoffen sich davon Schutz, Glück, usw. Die katholische Kirche fördert diesen Glauben, dass man ohne den Segen und die Weihen der katholischen Kirche im Leben nicht zurechtkommen kann. Dieser Glaube ist für die Kirche selbst überlebenswichtig. Er erinnert aber doch sehr an Aberglauben, denn mit welcher Begründung kann man bei Weihwasser, das von Menschen produziert wurde, von „göttlicher Wirkmacht" sprechen?

Katholische Spezialitäten

Eucharistie und Abendmahl

Eucharistie und Abendmahl sind zwei unterschiedliche religiöse Handlungen. Die katholische Eucharistie enthält die Wandlung von Brot und Wein in den realen Leib und das reale Blut Christi sowie die kultische Darstellung von letztem Abendmahl, Opferung, Kreuzigung, Tod und Auferstehung. Wer nicht katholisch glaubt, kann nicht zur Eucharistie zugelassen werden. Das protestantische Abendmahl dagegen ist lediglich die kultische Darstellung des letzten Abendmahls Jesu und seiner Jünger. Alle christlichen Gläubigen können daran teilnehmen. Die katholische Kirche bezeichnet das verwandelte Brot und den verwandelten Wein als „Heilige Eucharistie" und als das „Allerheiligste Altarsakrament". Jesus hat aber nicht gefordert, dass wir in einem Gottesdienst seinen Leib und sein Blut Gott zum Opfer bringen sollen. Die katholische Kirche zelebriert jedoch in jeder Heiligen Messe diese Transsubstantiation, mit anschließender Opferung und darauf folgender Darstellung der Auferstehung, indem alle Gläubigen den realen Leib Christi (die Hostie) und auschließlich die Priester noch das reale Blut Christi (den Wein) als „lebendige Speise" zu sich nehmen.

>>> Nur GOTT selbst, der Unsichtbare, Allgegenwärtige, Allmächtige ist das „Allerheiligste" in unserer Welt. Es kann nicht sein und ist auch nicht möglich, dass ein Mensch, auch wenn er katholischer Priester ist, ein schlichtes Gebäck aus Menschenhand zum „Allerheiligsten" macht. Auf dem Glauben an diese Fähigkeit aber beruht ganz wesentlich die Macht der katholischen Kirche und ihrer Priester über ihre Gläubigen. Das ist auch der Grund, warum die katholische Kirche niemals einem gemeinsamen Abendmahl mit den protestantischen Kirchen zustimmen kann und wird, denn aus ihrer Sicht würden Ungläubige das verwandelte Brot und den Wein empfangen. Damit würde dieses Machtinstrument seine Wirkung verlieren und der Kirche schaden. GOTT aber sagt im Alten Testament eindeutig (Exodus 20, 4-5):
„Du sollst dir kein Kultbild machen und keine Gestalt von irgendetwas am Himmel droben, auf der Erde unten oder im Wasser unter der Erde. Du sollst dich nicht vor ihnen niederwerfen und ihnen nicht dienen".

Katholische Spezialitäten

Genau das aber verlangt die katholische Kirche von ihren Gläubigen: sie sollen das von Menschenhand geschaffene Gebäck, die Hostie, als „das Allerheiligste" anbeten und vor ihm niederknien, entgegen diesem „offenbarten" Wort Gottes.

Jesus sagte über das Brot:
(Matth. 26, 26): „Während des Mahls nahm Jesus das Brot und sprach den Lobpreis; dann brach er das Brot, reichte es den Jüngern und sagte: Nehmt und esst, das ist mein Leib."
(Lukas 22, 19): „Und er nahm Brot, sprach das Dankgebet, brach es und reichte es ihnen mit den Worten: Das ist mein Leib, der für euch hingegeben wird. Tut dies zu meinem Gedächtnis."

Über den Wein sagte Jesus etwas ganz anderes, wichtigeres:
(Matth. 26, 27+ 28): „Dann nahm er den Kelch, sprach das Dankgebet, gab ihn den Jüngern und sagte: Trinkt alle daraus; das ist mein Blut des Bundes, das für viele vergossen wird zur Vergebung der Sünden."
(Lukas 22, 20): „Ebenso nahm er nach dem Mahl den Kelch und sagte: Dieser Kelch ist der Neue Bund in meinem Blut, das für euch vergossen wird."

>>> Warum gibt die katholische Kirche den Wein nur den Priestern und nicht den Gläubigen? Der Wein hat offenbar eine viel größere Bedeutung als das Brot; der Wein ist das Zeichen für einen besonderen Bund zwischen GOTT und den Menschen. Was also liegt näher, als dieses Besondere nur den Priestern zu geben und nicht dem einfachen Volk? Die katholische Kirche sieht nur ihre Priester und Bischöfe als diejenigen an, mit denen GOTT einen „Neuen Bund" geschlossen hat. Darum gibt sie ihren einfachen Gläubigen, den Laien, den Wein nicht. Diese Verweigerung ist schon seit Jahrhunderten ein Streitpunkt zwischen den verschiedenen christlichen Kirchen und Strömungen und ein weiterer Grund dafür (neben der bereits erwähnten „Wandlung"), dass es kein gemeinsames Abendmahl zwischen katholischen und protestantischen Gläubigen geben kann, denn protestantische Gläubige erhalten beides, Brot und Wein.

Katholische Spezialitäten

Die geweihten Männer

Die Priester in den Pfarrgemeinden sind diejenigen in der Organisation Kirche, die den Kontakt zu den „normalen" Menschen halten müssen. Sie stehen sozusagen „an der Front". Dazu hat die Kirche sie mit ganz besonderer Macht ausgestattet, den „heiligen Weihen", damit sie den Menschen gegenüber als mächtig und eindrucksvoll erscheinen. Dazu gehören viele unterschiedliche, prunkvolle Gewänder sowie die ehrfurchtsvolle Anrede: „Hochwürden".

Die Apostolische Sukzession.
Die katholische Kirche behauptet, die von Jesus zu den Aposteln praktizierte Weitergabe der „heiligen Weihen", die sogenannte „Apostolische Sukzession", sei nie unterbrochen worden und bis heute gültig. Diese Behauptung ist erforderlich zum Machterhalt der Kirche, denn würden Päpste, Bischöfe oder Priester diese Fähigkeiten aufgrund ihrer üblen Taten oder Verbrechen verlieren, wäre diese Kette tatsächlich unterbrochen. Alle kultischen Handlungen, die z.B. nach einem verbrecherischen Papst geschehen würden, wären wirkungslos. Die Weitergabe dieser Fähigkeiten durch Handauflegen des Höhergestellten auf den Untergebenen könnte nicht mehr behauptet werden und die Macht der Kirche wäre dahin. Aus diesem Grunde muss die Kirche daran festhalten, dass keiner ihrer Priester, Bischöfe und Päpste in den vergangenen 2000 Jahren ungültig geweiht wurde. Jeder geweihte Kirchenmann kann Dämonen vertreiben, Taufen durchführen, Ehen schließen, Beichten entgegennehmen, Bußen verhängen, Sünden vergeben, den Sterbenden die letzte Ölung geben, Weihwasser herstellen und die Wandlung von Brot und Wein durchführen.

>>> Die katholische Kirche sichert diese Behauptung als Dogma ab, indem sie diejenigen verflucht, die das nicht glauben können und nicht glauben wollen. Die Menschen sollen glauben, ihr Leben könne ohne einen geweihten Priester nicht beginnen, nicht dauern, nicht enden.

Katholische Spezialitäten

Die Wandlung.
Seit Anbeginn des Christentums war es eine der wichtigsten Streitfragen, was eigentlich bei der Feier des Abendmahles mit Brot und Wein geschieht. Die römisch-katholische Kirche behauptet und verlangt von den Menschen zu glauben, dass der Priester in der Lage ist, Wunder zu vollbringen, indem er Brot und Wein in den REALEN Leib und das REALE Blut Jesu Christi verwandelt. Sie nennt dies „Transsubstantiation": Brot und Wein sehen zwar weiterhin aus wie Brot und Wein, sind es aber nicht mehr. Diese sogenannte „Wandlung" wird „Geheimnis des Glaubens" genannt. Im Mittelalter war es oft das Todesurteil für einen Menschen, der eine solche Verwandlung nicht glauben konnte oder wollte. Diese speziellen Fähigkeiten der „Wandlung" erhält der Priester durch die „heiligen Weihen", er verliert sie auch dann nicht, wenn er z.B. ein sehr schlechter Mensch ist. Solch ein sehr schlechter, machtbesessener Mensch war zum Beispiel der Papst Alexander VI. aus der Familie der Borgia (1492-1503). Wie kann man glauben, dass ein solcher Verbrecher diese „heiligen Weihen", die von Jesu erhaltenen Vollmachten, an die nachfolgenden Kirchenmänner weitergeben konnte?

>>> Man kann Menschen mit der Androhung von Gewalt oder Strafen wie Fegefeuer oder ewiger Verdammnis dazu zwingen, keine Widerreden zu führen und so zu tun, als ob sie etwas Bestimmtes glauben. Zum wirklichen, ehrlichen Glauben kann man aber niemanden zwingen; und man kann auch GOTT nichts vormachen. ER ist der Schöpfer und kann Wunder vollbringen, weder Priester, Bischöfe, Kardinäle oder der Papst können Wunder vollbringen. Daran ändert auch eine spätere Heiligsprechung nichts, obwohl die Voraussetzung dafür ein Wunder ist. Diese Wunder werden von der katholischen Kirche natürlich „gefunden".

Die Gläubigen beeindrucken.
Papst Benedikt XVI. hat die alte Form der lateinischen Messe nach römischem Ritus wieder zugelassen. Das Ritual dieser Messe soll besonders beeindruckend wirken. Der Priester steht dabei mit dem Rücken zu den Gläubigen, die Messe wird auf Latein gehalten. Die Gläubigen sollen glauben, nicht kritisch hinterfragen, aber auch nicht im Stillen zweifeln, ob das alles so möglich ist.

Katholische Spezialitäten

Bei der Beisetzung des bayerischen Königs Ludwig III. und seiner Frau Marie Therese im Jahre 1921 trug Kardinal Michael von Faulhaber ein sogenanntes Pluviale, einen großen, prächtigen Samtumhang mit kostbarer Goldstickerei. Die Stadt Würzburg hat kürzlich entschieden, den Kardinal-Faulhaber-Platz umzubenennen wegen des Verhaltens dieses Kardinals in der Zeit des Nationalsozialismus.
Papst Franziskus pflegt einen bescheideneren Lebensstil: Schon beim Amtsantritt weigerte er sich mit den Worten: „der Karneval ist vorbei", die Prachtgewänder und roten Schuhe seines Vorgängers anzuziehen.

Jesus sagte vor dem Volk zu seinen Jüngern (Markus 12, 38-40): „Nehmt euch in Acht vor den Schriftgelehrten! Sie gehen gern in langen Gewändern umher, lieben es, wenn man sie auf den Marktplätzen grüßt, und sie wollen in der Synagoge die Ehrensitze und bei jedem Festmahl die Ehrenplätze haben. Sie fressen die Häuser der Witwen auf und verrichten in ihrer Scheinheiligkeit lange Gebete. Umso härter wird das Urteil sein, das sie erwartet."

>>> Jesus hat seinen Jüngern niemals prächtige Gewänder oder Rituale empfohlen. Der Apostel Paulus gibt in seinen Briefen an seine Gemeinden ebenfalls keine Hinweise oder Vorschriften für bestimmte Rituale oder Liturgie im Gottesdienst. Es gibt keine Reliquienverehrung, keine Wallfahrten, keine Prozessionen, keine Monstranz, keine Hostien, keine Wandlung, keine Marienverehrung, keinen Prunk. Das alles hat sich die katholische Kirche selbst ausgedacht und im Laufe der Zeit zur „heiligen Überlieferung" erklärt mit dem Ziel, die Menschen zu beeindrucken. Die eigene Bedeutung, die „Heiligkeit" der Kirchenmänner, soll betont werden, die Bedeutungslosigkeit und Hilflosigkeit des normalen Menschen soll diesem bewusst werden.

Katholische Spezialitäten

Dogmen und Verfluchungen

Dogmen.
Dogma bedeutet „Lehre", eine göttlich offenbarte Glaubens- oder Sittenlehre. Dogmen sind „offenbarte Wahrheiten", die von der katholischen Kirche verkündet werden. Die Gläubigen sind verpflichtet, diese „Wahrheiten" zu glauben. Dogmen sind nicht unbedingt in der „Heiligen Schrift" enthalten, aber sie sind Teil der „Heiligen Überlieferung"; das bedeutet, diese offenbarten, unverrückbaren „Wahrheiten" wurden schon immer geglaubt und es wurde nicht an ihnen gezweifelt.
>>> Woher weiß man, dass geglaubt und nicht gezweifelt wird?

Hier eine Auswahl wichtiger Dogmen:

1215 verkündete Papst Innozenz III. das Dogma der Wandlung, der „Transsubstantiation", also die Behauptung, beim Abendmahl verwandle der Priester das Brot und den Wein in den realen Leib Christi. Die Betonung liegt auf „REAL", die Wandlung ist kein symbolischer Akt! Es dauerte also über 1000 Jahre, bis die Kirche dies erkannte! Seltsam!

1854 verkündete Papst Pius IX. das Dogma von der „unbefleckten Empfängnis Mariens", das heißt: Maria wurde im Leib ihrer Mutter Anna ohne Erbsünde von ihrem Vater Joachim empfangen. Sie war vom ersten Augenblick ihres Daseins an frei von Sünde. Damit wurde vom Papst sichergestellt, dass auch Jesu ohne Erbsünde empfangen und geboren werden konnte. Für diese Erkenntnis benötigte die katholische Kirche sogar noch länger, über 1500 Jahre!

1870 verkündete dieser Papst Pius IX. auch noch das Dogma von der „päpstlichen Unfehlbarkeit in Glaubensfragen". Dazu ein Zitat aus „Der Unfehlbare" von Hubert Wolf (siehe Bibliografie): „Die katholische Kirche sollte durch die Entscheidung für die Unfehlbarkeit mit dem Papst als Hort der Sicherheit, Verlässlichkeit und Wahrheit als Gegenwelt zur modernen Zeit neu erfunden werden".

Katholische Spezialitäten

1950 wurde von Papst Pius XII. das Dogma von „Mariä Himmelfahrt" verkündet. Maria wurde demnach mit Leib und Seele in den Himmel aufgenommen.

>>> Woher kennt die Kirche alle diese „Wahrheiten"? Warum wurden sie den Päpsten erst so spät offenbart, nach mehr als tausend Jahren?

Verfluchungen:
In der römisch-katholischen Kirche wird öffentlich viel gesegnet, geweiht und gebetet, aber auch viel verflucht, allerdings nicht öffentlich. In dem Standardwerk „Kompendium der Glaubensbekenntnisse und kirchlichen Lehrentscheidungen..." von Denzinger (siehe Bibliografie), einem offiziellen Lehrwerk und Dogmensammlung, sind viele Hundert Verfluchungen enthalten für die Menschen, die den Glaubenssätzen der katholischen Kirche nicht vollständig zustimmen und diese nicht glauben können, also die Mehrheit der deutschen Bevölkerung und der Weltbevölkerung...

Die Formel für die Verfluchungen heißt: „anathema sit" bzw. „anathema esto", was übersetzt heißt: „der sei verflucht", und das bedeutet: nach dem Tod ab in die „ewige Hölle"! Um in der Hölle zu landen genügt eine einzige Verfluchung, auch wenn alles andere geglaubt würde.

Beispiele:

„Wer nicht die ganze kirchliche Überlieferung annimmt, die geschriebene wie die ungeschriebene: anathema sit."

„Wer nicht alle Bücher der Heiligen Schrift mit allen ihren Teilen, wie sie die Kirchenversammlung von Trient (1545) anführte, als heilige kanonische Schriften anerkennt oder wer leugnet, dass sie von Gott eingegeben sind: anathema sit."

Katholische Spezialitäten

„Wer sagt oder glaubt, außer den Schriften, die die katholische Kirche aufnimmt, seien auch noch andere für gültig zu erachten oder zu verehren: anathema sit."

„Wer sagt oder glaubt, der Gott des alten Gesetzes sei ein anderer Gott als der Gott der Evangelien: anathema sit."

„Wer behauptet: Adams Sündenfall hat nur ihm, nicht aber seiner Nachkommenschaft Schaden zugefügt…(…) nur den Tod und die körperlichen Strafen auf das ganze Menschengeschlecht übertragen, nicht aber auch die Sünde, die der Tod der Seele ist: anathema sit."

„Wer sagt,…die Menschen können ohne sie (die Sakramente) oder ohne das Verlangen nach ihnen durch den Glauben allein von Gott die Gnade der Rechtfertigung erlangen…: anathema sit."

„Wer sagt, im hochheiligen Sakrament der Eucharistie bleibe die Substanz von Brot und Wein zugleich mit dem Leib und Blut unseres Herrn Jesus Christus bestehen, und wer jene wunderbare und einzigartige Wandlung der ganzen Brotsubstanz in den Leib und der ganzen Weinsubstanz in das Blut leugnet…: anathema sit."

„Wer sagt, die Priester, die im Stande der Todsünde sind, hätten nicht die Vollmacht, zu binden und zu lösen,…: anathema sit."

„Wer sagt, die gottesdienstlichen Handlungen, Gewänder und äußere Zeichen, deren sich die katholische Kirche bedient, seien eher ein Weg zur Gottlosigkeit als ein Mittel zur Frömmigket…: anathema sit."

„Wir belegen auch alle mit dem Anathema, die keine Auferstehung des Fleisches bekennen."

„Wer sagt, Eheangelegenheiten gehörten nicht vor den kirchlichen Richter,…: anathema sit."

Katholische Spezialitäten

„Wer aber ohne Buße in der Todsünde stirbt, wird ohne Zweifel von der Glut der ewigen Hölle auf immer gepeinigt."
usw., usw.
(nach: „Der Theologe", Hrsg. Dieter Potzel, Ausgabe Nr. 68, Ewige Hölle für alle?-100 Verdammungen im Original: Das Manifest des Grauens der römisch-katholischen Kirche, Wertheim 2012).

>>> Trotz Ökumene, Toleranz, Freundlichkeit und Brüderlichkeit gegenüber Andersgläubigen oder sogar Nicht-Gläubigen wurden bis heute von der römisch-katholischen Kirche diese Verfluchungen nicht zurückgenommen. Die Mehrheit der deutschen Bevölkerung ist nicht katholisch und glaubt daher viele dieser Glaubenssätze sowieso nicht. Kraft der Vollmacht, die die katholische Kirche angeblich erhalten hat, ist daher die Mehrheit der deutschen Bevölkerung schon verdammt und wird im Todesfalle direkt in die Hölle hinabfahren. Welche Anmaßung! Welche makabre Denkweise! Welch üble Beschimpfungen! Ist das nicht Volksverhetzung? So etwas wollten wir nach der Nazi-Diktatur nie wieder haben! Das sind Hassreden und Intoleranz. Solange diese Verfluchungen nicht zurückgenommen werden, ist doch jedes Gerede über Gemeinsamkeiten und Ökumene nur Heuchelei.

Der „Kleine Katechismus des katholischen Glaubens" sagt:
„Die heilige katholische Kirche ist das Volk Gottes."

>>> Das ist ein stolzer aber falscher Anspruch! Alle Menschen sind Gottes Geschöpfe, also das Volk Gottes! Das jüdische Volk ist ebenfalls das Volk Gottes. Und all die anderen Völker? Auch viele dieser Menschen glauben an GOTT, an denselben GOTT! Sehr viele dieser Menschen sind friedlich und gottesfürchtig. Was soll also diese Aussage der katholischen Kirche bewirken? Es ist eine „Marketing-Aussage", die ihren Mitgliedern, den katholischen Gläubigen, das Gefühl vermitteln soll, sie seien etwas ganz besonderes und sollten weiterhin Mitglied ihrer Kirche bleiben. Menschen (Kunden) sind gern bereit, etwas mehr zu bezahlen oder etwas mehr zu glauben, wenn man ihnen dafür das Gefühl gibt, sie seien herausgehoben, stünden über den Anderen und seien die Auserwählten.

Sünden, Fegefeuer, Hölle

Die Erbsünde.
Das Dogma von der Erbsünde ist eine unverzichtbare Quelle der Macht für die christlichen Kirchen. Uns Menschen wird verkündet, wir seien von Geburt an Sünder und könnten dies ohne Hilfe der Kirchen auch nicht ändern. Dazu hier die 10 Dogmen der katholischen Kirche:

1. Die Stammeltern (Adam und Eva) waren vor dem Sündenfall mit der heiligmachenden Gnade ausgestattet.
2. Die Stammeltern sündigten durch Übertretung des göttlichen Prüfgebotes schwer.
3. Die Stammeltern verloren durch die Sünde die heiligmachende Gnade und zogen sich den Zorn und Unwillen Gottes zu.
4. Die Stammeltern verfielen dem Tod und der Herrschaft des Teufels.
5. Die Sünde Adams ist durch Abstammung, nicht durch Nachahmung, auf alle seine Nachkommen übergegangen.
6. Die Erbsünde wird durch natürliche Zeugung fortgepflanzt.
7. Im Stande der Erbsünde ist der Mensch der heiligmachenden Gnade und ihrer Gefolgschaft sowie der präternaturalen Integritätsgaben beraubt.
8. Die Seelen, die im Stande der Erbsünde aus dem Leben scheiden, sind von der beseligenden Anschauung Gottes ausgeschlossen.
9. Die Taufe bewirkt die Nachlassung aller Sündenstrafen, sowohl der ewigen als auch der zeitlichen.
10. Die kirchliche Sündenvergebungsgewalt erstreckt sich auf alle Sünden ohne Ausnahme.
(Quelle: kath-zdw.ch/maria/245.dogmen, nach „Grundriss der katholischen Dogmatik" von Ludwig Ott).

>>> Diese Geschichte des Alten Testamentes muß als orientalisches Märchen bezeichnet werden. Wer soll denn das berichtet und weitergegeben haben? Die Kirche generiert aus diesem Märchen eine ewige Sünde und mehrere dazu passende Dogmen. Es gibt keine Erbsünde.

Katholische Spezialitäten

>>> Wie kann man behaupten, dass eine Sünde durch Fortpflanzung weitergegeben, vererbt wird? Wie kann man behaupten, ein neugeborenes Kind sei sündig? Diese Behauptungen belasten und schädigen die gläubigen Menschen, denn nun sind sie lebenslang auf die „Hilfen" der Kirche angewiesen. Das bedeutet Macht auszuüben über diejenigen Menschen, die bereit sind oder dazu erzogen wurden, diese Märchen zu glauben.

Die Dogmen der katholischen Kirche zu Tod und Strafe lauten:
1. Der Tod ist in der gegenwärtigen Heilsordnung eine Straffolge der Sünde.
2. Alle erbsündigen Menschen sind dem Gesetz des Todes unterworfen.
3. Die Seelen der Gerechten, die im Augenblick des Todes von aller Sündenschuld und Sündenstrafe frei sind, gehen in den Himmel ein.
4. Die Seelen derer, die im Zustand der persönlichen schweren Sünde sterben, gehen in die Hölle ein.
5. Die Höllenstrafe dauert in alle Ewigkeit.
6. Die Seelen der Gerechten, die im Augenblick des Todes noch mit lässlichen Sünden oder zeitlichen Sündenstrafen belastet sind, gehen in das Fegfeuer ein.
(Quelle: kath-zdw.ch/maria/245.dogmen, nach „Grundriss der katholischen Dogmatik" von Ludwig Ott).

>>> Was soll man dazu sagen? Es sind frei erfundene Behauptungen, ein Netz, in dem Diejenigen gefangen sind, die das Märchen von der Erbsünde glauben. Hier beginnt, ohne eigenes Zutun, das Problem dieser armen, „sündigen" Menschen, die garnichts „verbrochen" haben. Der Tod kann keine Straffolge der Erbsünde sein, da diese eine menschliche Erfindung ist, genauso wie das Märchen von Adam und Eva. Der Tod ist ein natürliches, sinnvolles Ereignis für alle Lebewesen auf der Erde, für Menschen, Tiere und Pflanzen.

Nach christlicher Lehre zog die allererste Sünde, die Erbsünde, Schuld und Strafe für alle Menschen auf sich. Vor Jesus konnte daher niemand nach seinem Tod in den Himmel gelangen. Jesu Tod am Kreuz hat die Menschen davon erlöst, daher die Bezeichnung: Jesus, unser Erlöser.

Katholische Spezialitäten

>>> Jesus hat den Aposteln die Vollmacht der Sündenvergebung übertragen. Nach seiner Auferstehung erschien er ihnen, hauchte sie an und sagte: „Empfangt den Heiligen Geist! (...) Denen ihr die Sünden erlasst, denen sind sie erlassen; denen ihr sie behaltet, sind sie behalten". (Joh. 20, 22-23) Nun wurden die Menschen zwar durch Jesu von den Folgen der Erbsünde erlöst, aber sie sündigen weiter, und deshalb kommt der nächste Erlöser, die „Heilige katholische Kirche", die dem Menschen sagt, was er zu tun hat. Zur besseren Kontrolle der Gläubigen hat die katholische Kirche die Beichte eingeführt, d.h. Sünden müssen nach Art und Zahl gebeichtet werden. Jesus hat das niemals verlangt.

Das Fegefeuer.
Das Konzil von Trient (1545-1563) hat die Existenz des Fegefeuers betont. Kardinal Borromeo formulierte 1624, wie diese „Wahrheit" in Gemälden dargestellt werden müsse: „Die Darstellung des Fegefeuers muß auf kontrastreichen Affekten aufbauen und gleichzeitig größten Schmerz wie größte Wonne der Armen Seelen ausdrücken, welche dort zwar gemartert werden, jedoch auch wissen, dass sie daraus befreit werden."
Im Fegefeuer sitzen also die Armen Seelen und werden gereinigt, da sie zwar im Stand der heiligmachenden Gnade verstorben sind, aber mit Makeln läßlicher Sünden und zeitlicher Sündenstrafen, die noch nicht abgebüßt sind. Sie sind daher noch nicht bereit für den Himmel. Sie können sich auch nicht selbst daraus befreien, aber die Lebenden können ihre Leiden verkürzen. Die Armen Seelen können jedenfalls sicher sein, nicht in die Hölle zu kommen, sondern nach ihrer Reinigung in den Himmel zu gelangen. Um ihnen zu helfen, diese Reinigung zu ertragen, sollen Katholiken für die Armen Seelen beten, aber nicht nur im Armen-Seelen-Monat November, sondern während des ganzen Jahres. Hilfreich sind außerdem Almosen, gute Werke, Ablässe, Fürbitten der Heiligen und besonders die Heilige Messe. Der heilige Bonaventura hat gefordert, der Mensch solle sich immer vorstellen, er wäre tot, um wirklich ein gutes Leben zu führen... d.h. die Angst vor dem Fegefeuer soll die Menschen besser machen!

Katholische Spezialitäten

Die Hölle.
Die katholische Kirche spricht von den „Vier Letzten Dingen": Tod, Gericht, Himmel, Hölle. Wenn ein Mensch stirbt, wird er individuell gerichtet und landet dann im Himmel oder in der Hölle. Ohne die Erbsünde (Adam, Eva) gäbe es dies garnicht. Die Hölle ist die Bestrafung für das Böse, es ist die gerechte Strafe Gottes. Das Fegefeuer dagegen ist heilsam und wirkt wie eine Therapie, der Mensch wird durch das Feuer von restlichen Sünden gereinigt.
>>> Bei der bildlichen Darstellung der Hölle und ihren Qualen galt es ja, den Gläubigen die größtmögliche Angst und den größten Schrecken einzujagen. Genau wie die Erbsünde und das Fegefeuer, das erst 1500 Jahre nach Christus von einem Konzil erfunden wurde, ist auch die Hölle eine menschliche Erfindung zur Ausübung von Macht und Gehorsam. Es gibt keine Hölle und kein Fegefeuer.

Beichte, Buße, Ablass

Die Beichte.
Die katholische Kirche sagt, dass Jesus das Sakrament der Buße hinterlassen hat, um die spirituellen Wunden zu heilen, die sich der sündige Mensch selbst beigebracht hat. Eine Sünde ist demnach eine Verletzung der eigenen Seele. Der „Kleine Katechismus des katholischen Glaubens" sagt: „Die heilige Beichte ist jenes Sakrament, durch das der Priester an Gottes Statt alle Sünden nachlassen kann, die wir nach der Taufe begangen haben (…). Bei der Beichte müssen wir reumütig und aufrichtig unsere Sünden dem Priester bekennen. Wir müssen wenigstens alle schweren Sünden beichten, und zwar nach Art und Zahl." Die Beichte, der Richtspruch durch den Priester, den Beichtvater, und die darauf folgende Buße dienen der Heilung dieser Verletzungen.

>>> Die katholische Bibel enthält garkein Stichwort „Beichte". Jesus fordert Städte auf, Buße zu tun, aber nicht Menschen. (Mt. 11,20). Petrus dagegen fordert Menschen auf, Buße zu tun. (Apg. 3,19). Die Frage ist also: Wo hat denn Jesus dieses Sakrament der Buße hinterlasssen?

Katholische Spezialitäten

Das Beichtgeheimnis

Es ist der katholischen Kirche heilig. Als Begründung gilt, dass der Priester, der Beichtvater, nur als Werkzeug Gottes auftritt. Der Sünder beichtet also nicht dem Priester, sondern Christus. Der Priester spricht dann als Werkzeug Gottes den Sünder von seinen Sünden los. Das Schuldbekenntnis wird Christus übereignet, der Priester besitzt dieses Wissen außerhalb des Beichtstuhles garnicht. Da die Sünden nicht dem Priester sondern Gott gebeichtet werden, hat der Priester weder das Recht noch die Autorität, z.B. den staatlichen Stellen Hinweise auf Kindesmissbrauch o.ä. zu geben. Das erklärt manches über den Umgang der Kirche mit dem Missbrauchskandal.

>>> Da die Beichte zum heiligen Sakrament erklärt wurde, wird es den Gläubigen schwer gemacht, sich dem Bekennen ihre „Sünden" zu entziehen. Jesus hat nie verlangt, Sünden nach Art und Zahl zu benennen. Warum darf ein Katholik nicht Christus oder Gott direkt beichten, ohne Priester? Niemand kann Menschen bevollmächtigen „an Gottes Statt" zu handeln. Ist das nicht Blasphemie, Gotteslästerung?

Schon kleine Kinder werden aufgefordert zu beichten. Ein junger Katholik beginnt damit im Alter zwischen sieben und neun Jahren. Die Priesterbruderschaft St. Petrus hat für diese Kinder ein Beichtbüchlein herausgegeben, u.a. mit einem kleinen Beichtkatechismus, der dem Kind noch einmal die Zehn Gebote sowie die Gebote der Kirche klarmacht, außerdem einen Beichtspiegel zur Erforschung des Kindergewissens, damit ja keine „Sünde" übersehen wird zu beichten. Dort liest das Kind: „Du sollst nicht Unkeuschheit betreiben. Du sollst nicht unkeusch begehren. Wer ohne Reue mit einer schweren Sünde stirbt, geht ewig verloren. Er kommt in die Hölle. Bei unvollkommener Reue denke ich an die göttliche Gerechtigkeit. Die Sünden tun mir leid, weil ich eine Strafe dafür verdient habe. Hast du andere nicht mitspielen lassen? Hast du beim Spiel gemogelt? Hast du Abfall in die Natur geworfen? Hast du andere in Versuchung geführt durch schamloses Verhalten? Hast du freiwillig schlechte Zeitschriften (z.B. „Bravo") angeschaut? Hast du schlechte Musik angehört?

Katholische Spezialitäten

>>> „Beichtbüchlein für Kinder", was soll das?? Muss man schon die kleinen Kinder verunsichern und bedrohen? Was soll diese Angstmacherei? Jesus hat niemals Kinder aufgefordert zu beichten, er wollte den Kindern nie den Unterschied zwischen läßlichen oder schweren Sünden erklären, er hat Kinder nie als Sünder bezeichnet. Menschen durch „Wunder" wie die sogenannte „Wandlung" zu beeindrucken, ist das eine Fundament der Macht; das andere ist die ständige Kontrolle der Gehorsamkeit durch die Beichte. Gott aber braucht die Beichte nicht, er weiß ohnehin alles, er schaut in die Menschen hinein, und der katholische Katechismus sagt selbst: „Wo ich bin und was ich tu, sieht mir Gott, mein Vater, zu". Der Gläubige braucht diese Kontrolle auch nicht; denn entweder ist er ehrlich zu sich selbst oder eben nicht. Die einzigen Nutznießer dieser Kontrolle sind die katholische Kirche und früher die weltlichen Herrscher, die mit der Kirche zusammenarbeiteten, um ihre Macht zu erhalten. Sie hatten damit die Untertanen im Griff und konnten eingreifen, sobald sie Ungehorsam feststellten.

Die Buße.
Der „Kleine Katechismus des katholischen Glaubens" sagt: „Das Bußsakrament tilgt alle Sünden und die ewigen Strafen. Es heiligt die Seele. Es gibt Kraft und hilft zu einem tugendhaften Leben". Als Ergebnis seiner Beichte muss der Gläubige die Bußen akzeptieren, die ihm der Priester auferlegt. Das Auferlegen von Bußen festigt wiederum die Macht des Priesters und der Kirche, außerdem bringt es der Kirche zusätzlich Geld ein, wenn zum Beispiel als Buße eine Wallfahrt zu einem Ort der Verehrung von Heiligen oder Reliquien angeordnet wird.

Der Ablass.
Die katholische Kirche lehrt, sie habe einen „Gnadenschatz" im Himmel und sei allein berechtigt, andere daran teilhaben zu lassen. Jesus habe durch seinen Kreuzestod sehr viele göttliche Gnaden erworben, und diese dürfen nun allein von der katholischen Kirche verwaltet, verwendet und weitergegeben werden.

Katholische Spezialitäten

Aus diesem Schatz werden z.B. die Sündenerlasse „bezahlt" und die Ablässe „finanziert". Ablässe gibt es in der katholischen Kirche zu vielen Gelegenheiten, z.B. an besonderen Tagen, für bestimmte fromme Handlungen oder besondere Wallfahrten. Die Kirche wendet sie an, „...um aus den unendlichen Verdiensten von Christi Leiden, Tod und Auferstehung dem reuigen Sünder Gnaden zuzuwenden."

Einige Beispiele:
Die Priesterbruderschaft St. Petrus schreibt in ihrem Stuttgarter Rundbrief Juli 2020: „Den Mitgliedern der Konfraternität St. Petrus wird unter den üblichen Bedingungen ein vollkommener Ablass gewährt."

Im November 2020: „Darum ruft die Kirche zur Fürbitte für die Toten: Gebete, Ablässe und vor allem das Hl. Messopfer kommen den Armen Seelen zu Hilfe (...) dass in diesem Jahr der Allerseelen-Ablaß für die Verstorbenen sogar an jedem Tag im November erlangt werden kann."

Im März 2023, dem Josefsmonat, heißt es: „Ein vollkommener Ablass wird demjenigen gewährt, der die Litanei vom heiligen Josef in frommer Gesinnung betet.

Für Ostern 2023: „Ein vollkommener Ablass wird demjenigen gewährt, der während der Feier der Osternacht sein Taufbekenntnis erneuert".

Ablässe dienten zur Geldbeschaffung, z.B. zum Bau des Petersdoms in Rom. Sie dienten auch dazu, mittels eines Krieges politische Ziele durchzusetzen. Wollte der Papst zum Beispiel, dass ein Krieg gegen die muslimischen Bewohner Jerusalems geführt wird, versprach er den Teilnehmern an dem Krieg einen Ablass, damit sie weniger Zeit im „Fegefeuer" verbringen müssten, falls sie umkommen würden. Wollte der Papst (z.B. Innozenz III.), dass ein Kreuzzug zur Ausrottung der christlichen Waldenser, Katharer, Albingenser geführt werden soll, sprach er die Kriegsteilnehmer frei von jeder Sünde, die sie durch Misshandlung und Ermordung unschuldiger Menschen auf sich laden würden. Außerdem sprach er den Teilnehmern u.a. das Recht zu, die Ländereien der Opfer zu behalten.

Katholische Spezialitäten

Anlässlich einer Wallfahrt nach Trier zum „Heiligen Rock Jesu" fand am 21. April 2012 in Trier ein Gottesdienst statt mit Kardinal Walter Brandmüller, der eigens aus Rom angereist war. Auch der Diözesanbischof Ackermann nahm an diesem Gottesdienst teil. Im Informationsblatt der Priesterbruderschaft St. Petrus vom Juni 2012 heißt es dazu: „...am Ende des Gottesdienstes erteilte seine Eminenz den päpstlichen Segen, der mit einem vollkommenen Ablass verbunden war, zur großen Freude der Wallfahrer...".

Im „Kleinen Katechismus des katholischen Glaubens" heißt es dazu: „...ein vollkommener Ablass bedeutet, dass alle zeitlichen Sündenstrafen nachgelassen werden." Diese zeitlichen Sündenstrafen sind entweder Buß-Aktionen zu Lebzeiten des Sünders auf Erden oder spätere Aufenthalte im Fegefeuer. Weiter heißt es im Katechismus: „...um einen Ablass zu gewinnen (...) muss man die von der Kirche vorgeschriebenen Werke verrichten." Dazu gehört in jedem Fall ein Gebet nach „Meinung des Heiligen Vaters", daher betet man z.B. um die Zunahme der katholischen Religion und um die Ausrottung der Irrlehren!

>>> Mit Irrlehren sind sicher alle Religionen gemeint, die nicht auf den Papst hören wollen. Aber was bedeutet hier „Ausrottung"? Das ist ein ganz übles Wort und klingt nach Mord und Totschlag und nicht nach Religionsfreiheit, Ökumene oder Toleranz.

>>> Ablässe waren der Anstoß zur Reformation durch Martin Luther. Der frühere Ablasshandel, der dem Volk sehr viel Geld entzog und in die Kassen der Bischöfe, des Papstes und auch der weltlichen Herrscher brachte, wurde also nicht abgeschafft, sondern lediglich umgestellt auf andere Gegenleistungen. Dieses sind die sogenannten „von der Kirche vorgeschriebenen Werke", z.B. Wallfahrten, die der Kirche dann ebenfalls wieder Geld einbringen. Die Kirche „wendet den Gläubigen Gnaden zu", aber hat damit ein Intrument in der Hand, um die Gläubigen nach ihren Wünschen zu steuern. Wie kann man behaupten und auch glauben, dass dieses Ablass-Verfahren dem Willen Gottes entspricht?

Katholische Spezialitäten

Heilige und Reliquien

Altes Testament (Deuteronomium 23, 18): Gott der Herr sagt: „Unter den Frauen Israels soll es keine Geheiligte geben und unter den Männern Israels soll es keinen Geheiligten geben."
Die Definition der katholischen Kirche aber, was ein Heiliger oder eine Heilige ist, lautet: „Heilige sind Menschen, die in Gehorsam gegenüber Gottes Willen heilig lebten und nun in Ewigkeit im Himmel leben. Wenn die katholische Kirche einen Menschen heiligspricht, (…) kann der Gläubige ganz sicher sein, dass sich diese bestimmte Person tatsächlich im Himmel befindet." (aus: „Katholizismus für Dummies").
\>>> Das entspricht nicht Gottes Anweisungen. Gott will in seinem Volk keine Heiligen haben. Woher nimmt die katholische Kirche die Vollmacht, entgegen Gottes Anweisungen zu handeln?

Heilige.
Wie wird man katholischer Heiliger? Wer dafür ausgewählt wurde, wird als „Diener Gottes" bezeichnet. Wenn die nachfolgende Untersuchung ergibt, dass diese Person ein sehr tugendhaftes Leben geführt hat, erhält sie den „heroischen Tugendgrad" und wird als „verehrungswürdig" anerkannt. Der nächste Schritt aber erfordert schon ein Wunder, z.B. eine auffallende Gebetserhörung, die der Fürsprache der „verehrungswürdigen" Person zugeschrieben werden kann. Wenn die Kirche ein solches Wunder festgestellt hat, verleiht der Papst den Titel eines/einer „Seligen". Falls dann noch ein weiteres Wunder nachgewiesen werden kann, wird er/sie schließlich „Heilige/Heiliger".

Ein Beispiel für die Dauer eines solchen Prozesses gibt es in Regensburg: Bischof Wittmann lebte von 1760-1833, also vor rund 200 Jahren. 1955 wurde vom damaligen Regensburger Bischof der Seligsprechungsprozess für Bischof Wittmann eingeleitet. Schon 2019 wurde der „heroische Tugendgrad" von Rom bestätigt. Nun ist die Kirche auf der Suche nach einem Wunder, damit der Papst über die Seligsprechung entscheiden kann. Dieses erforderliche Wunder nach 200 Jahren zu finden, dürfte jedoch schwierig werden….

Katholische Spezialitäten

Aber was ist überhaupt der Grund für diesen Prozess, wer braucht das, wer profitiert davon? Katholiken richten Bittgesuche an Heilige. Diese Person wird gebeten, bei Jesus/Gott um etwas zu bitten. Wenn daraufhin diese heilige Person sich an Jesus/Gott mit dieser Bitte wendet, nennt die Kirche das „Fürsprache" oder „Fürbitte". Die Heiligen werden um Gebete gebeten, werden selbst aber nicht angebetet. Die Kirche lehrt nicht, dass man zu Heiligen beten muss, sondern die Gläubigen dürfen sich eigentlich auch direkt an Jesus/Gott wenden.

Reliquien.
Katholische Gläubige verehren ihre Heiligen auch, indem sie ihre Reliquien verehren. Diese Reliquien sind in verschiedene Klassen eingeteilt: Reliquien Erster Klasse sind Körperteile. Daher der Brauch, die Leichname zu zerteilen, damit viele Kirchen solche Reliquien bekommen und damit Geld verdienen können, z.B. durch Wallfahrten. Gegenstände, die der Heilige zu seinen Lebzeiten selbst berührt hat, sind Reliquien zweiter Klasse. Gegenstände, die von Reliquien erster Klasse berührt wurden (Stoffreste, Papiere usw,) sind Reliquien dritter Klasse. In allen Körperteilen ist jeweils der ganze Heilige gegenwärtig ist, dadurch kann ein Heiliger „vervielfacht" werden, was natürlich sehr vorteilhaft für die Kirche ist.

Im Dom zu Köln steht der Reliquienschrein mit den Gebeinen der „Heiligen Drei Könige." Er wurde 1164 von Kaiser Barbarossa in Mailand geraubt und nach Köln gebracht. Köln wurde so im Mittelalter zum größten Wallfahrtsort nach Jerusalem, Rom und Santiago de Compostela. Diese „Könige", die Jesus nach seiner Geburt aufgesucht haben sollen, zogen auf unbekannten Wegen wieder davon. (Matth. 2, 12.). Die anderen drei Evangelien berichten garnichts über einen Besuch.

>>> Wie kann man also glauben, dass die echten Gebeine dieser sogenannten Könige in dem Kölner Schrein liegen können? Wer sollte diese Knochen irgendwo in den weiten Wüsten des Orients eingesammelt haben? Es waren sicher geschäftstüchtige Araber, die den nach Reliquien gierenden Christen irgendwelche Knochen teuer verkauft haben.

Katholische Spezialitäten

In Trier liegt seit 1196 der Rock Jesu, ein Kleidungsstück, das Jesu getragen haben soll. Die Wallfahrt im Jahre 2012 brachte 550 Tausend Gläubige nach Trier, die Wallfahrt 1996 brachte 700 Tausend Gläubige, die Wallfahrt 1933 sogar zwei Millionen Gläubige nach Trier.

In Tirschenreuth (Oberpfalz) gibt es Ganzkörper-Reliquien, die als „Heilige Leiber" bezeichnet werden. Sie sollen aus den Katakomben von Rom stammen. Sie werden in Tirschenreuth verziert mit Gold- und Silberfäden, Perlen und Edelsteinen ausgestellt und sollen daran erinnern, dass diese Menschen als Märtyrer ihren christlichen Glauben bis zum Tod bezeugt haben.

Im Landkreis Regensburg, in Bruckdorf bei Sinzing, steht die kleine Kirche „Zum Heiligen Kreuz". Zwei Besonderheiten zeichnen dieses Kirchlein aus: Nach alter Überlieferung wurde es durch den Papst Leo IX. aus der Ferne geweiht, als dieser im Jahre 1052 auf seiner Reise von Regensburg nach Bamberg an Bruckdorf vorbei zog. Dieses legendäre Ereignis machte das Kirchlein seit dem 16. Jahrhundert zu einem beliebten Wallfahrtsort für die Bewohner der Umgebung.
Die zweite Besonderheit dieses Kirchleins ist die Reliquie, ein Holzpartikel des Kreuzes, an dem Jesus den Tod fand. Helena, die Mutter des römischen Kaisers Konstantin, hatte in Jerusalem dieses Kreuz gefunden, Teile bzw. Teilchen dieses Kreuzes wurden zu sehr begehrten Reliquien. Die Kreuzauffindung in Jerusalem wurde bis zum 2. Vatikanischen Konzil jedes Jahr am 3. Mai gefeiert. Auch dieses Kirchlein in Bruckdorf besaß ein großes Stück des Kreuzes, das sehr verehrt wurde. Es wurde berichtet, dass z.B. im Jahre 1625 Prozessionen aus 25 Pfarrgemeinden nach Bruckdorf zogen. In den Jahren 1803-1817 verschwand das Stück Holz spurlos. Seit 1835 gibt es wieder ein Holzstück, aber ein wesentlich kleineres.

>>> Dass man vor einigen hundert Jahren glaubte, ein Holzstück sei vom Kreuz Jesu, kann man noch verstehen, aber auch heute noch? Das erfordert einen sehr starken Glauben an die „Wahrheiten" der Kirche. Wie funktioniert eigentlich eine Fernweihe?

Katholische Spezialitäten

Der Reliquienschrein des Seligen Berthold wurde Mitte Dezember 2022 aus der Bischofsgruft in Regensburg in die Minoritenkirche gebracht. Dort zelebrierten der Bischof und drei weitere Priester zu seinen Ehren eine Messe. Der Selige Berthold, dessen Überreste verehrt werden, wurde um 1210 in Regensburg geboren, er galt als großer Prediger.

In Valencia, Spanien, befindet sich der Weinkelch des letzten Abendmahls. In Chartres, Frankreich, liegt der Schleier der Jungfrau Maria. In Paris, in der Sainte Chapelle, liegt die Dornenkrone Jesu. Als Reliquie gibt es auch die Nabelschnur des neugeborenen Jesuskindes und sogar seine Vorhaut. 13 Kirchen in Europa streiten sich darum, wer von ihnen Jesu echte Vorhaut hat. Sie streiten natürlich nicht offen, um ihre Einnahmequellen nicht zu gefährden und sich nicht lächerlich zu machen.

Kurfürst Friedrich der Weise aus Sachsen, der Martin Luther beschützte, besaß ursprünglich ca. 20.000 Reliquien, darunter den „Atem Jesu"! Durch Luther wurde er überzeugt, auf solche „Schätze" zu verzichten.

Reliquien sind in katholischen Kirchen meistens unter oder im Altar eingemauert. Reliquien sind Erinnerungen an Heilige, aber sie sind auch Symbole und Instrumente der Macht.

>>> Reliquien, ob echt oder gefälscht, sind gut angelegte Investitionen, sie bringen der katholischen Kirche ohne großen Aufwand sehr viel Geld der Gläubigen. Jesus und seine Jünger haben keine Reliquien verehrt. Sie hätten als Juden z.B. Überreste der großen Propheten verehren können, taten aber nichts dergleichen. Mittels der Reliquien sollen die Heiligen verehrt werden, aber wer eine solche Reliquie hat, hat auch eine schöne Einnahmequelle. Wie glaubwürdig ist denn die Behauptung der Echtheit dieser Reliquien? Geschäftstüchtige Römer, Griechen, Israeliten, Araber usw. haben den europäischen Interessenten alle möglichen Materialien und Leichenteile verkauft. Die neuen Eigentümer waren doch nicht in der Lage und auch nicht interessiert, die Echtheit solcher Reliquien zu überprüfen oder infrage zu stellen und dadurch ihre Geschäfte zu gefährden.

Katholische Spezialitäten

Wunder, Wallfahrt, Prozessionen

Zur Etymologie des Wortes: „Wunder" kommt von „verworren". Wenn schon ein katholischer Priester täglich Wunder bewirken kann wie die Verwandlung von Brot und Wein, dann ist es nicht schwierig, die Gläubigen auch von anderen Wundern zu überzeugen. Die vielen Heiligen sind ja noch höhergestellt als ein Priester, wie viel leichter wird es also ihnen fallen, Wunder zu bewirken! Da wird zum Beispiel Blut flüssig, aber immer nur an bestimmten Tagen; anderenorts sieht man Tränen in den Augen einer Madonnen-Statue usw.

>>> Jesus sagt: „Du sollst den Herrn, deinen GOTT, lieben mit ganzem Herzen, mit ganzer Seele und mit deinem ganzen Denken." (Matth. 22, 37). Da kann doch kein Platz mehr sein in unseren Herzen für eine Liebe zu Maria und Josef, zu Heiligen, zu Kirchenmännern, zu Kirchenfrauen, auch nicht zum Papst. Unsere Gedanken und Seelen sollen sich doch ganz allein GOTT zuwenden, nicht diesen anderen Personen.

Das Buch „Heilige Berge, heilige Quellen. Wallfahrtsstätten in der Oberpfalz" beschreibt 57 von 100 nachweisbaren „Gnadenorten" zwischen Regensburg und Weiden, Neumarkt und Cham. Am Anfang der Geschichte fast jeder Wallfahrtstätte stand eine wundersame Errettung oder Heilung. Für die Landbevölkerung war und ist eine Wallfahrt immer auch eine schöne Gelegenheit, einmal aus dem Dorf herauszukommen und etwas zu erleben. Am Wallfahrtsort selbst gibt es entsprechende Angebote, Wirtshäuser, Andenkenverkäufer usw.

Heilige, zu denen auch heute noch gewallfahrt bzw. gepilgert wird, sind z.B der heilige Leonhard, Schutzheiliger des Viehs, besonders der Pferde; der heilige Sebastian, Schutzheiliger gegen die Pest; die heilige Walburga, Schutzheilige der schwangeren Frauen. Der heilige Nikolaus ist Schutzheiliger für verschiedene Berufe, z.B: Apotheker, Bäcker, Salzsieder, Fuhrleute, Seefahrer, Händler... ein vielseitig talentierter Mann!

Katholische Spezialitäten

In Altenkirchen (Kreis Dingolfing) gibt es die ehemalige Wallfahrtskirche St. Corona. Die Menschen haben sich früher bei körperlichen Leiden an die Heilige Corona gewandt, eine Märtyrerin aus dem 2. Jahrhundert.
>>> In diesen Zeiten wäre ein Bittgang zu ihr evtl. hilfreich?

In der Wallfahrtskapelle Birkenstein, Krs. Miesbach, gibt es ein Gnadenbild der Gottesmutter Maria. Eine Delegation der Gebirgsschützen bat hier im Oktober 2020 um Verschonung von der Corona-Pandemie.
>>> Vielleicht wäre es besser gewesen, zur heiligen Corona zu gehen?

In Waldmünchen gibt es seit 1996 eine Pferdewallfahrt zur Mariä-Himmelfahrtskirche, die von einem Pferdewallfahrtsverein organisiert wird. An dem Platz, an dem die Kirche steht, gingen einst die Pferde einer gräflichen Kutsche durch und die Gräfin gelobte, eine Kirche zu errichten, falls die Pferde sich wieder beruhigen würden.

>>> Viele dieser Wallfahrtskirchen in der Oberpfalz wurden durch Wetterereignisse wie Sturm, Blitz, Brand zerstört. Warum wurden diese schlimmen Ereignisse eigentlich nicht als Strafe Gottes verstanden? Wahrscheinlich weil dann niemand mehr dorthin gepilgert wäre...

Im Marienwallfahrtsort Altötting (Bayern) gibt es das „Gnadenbild der Schwarzen Madonna." Es handelt sich dabei um eine Statue (ca. 60 cm groß) der Maria mit dem Jesuskind, beide mit dunkler Hautfarbe. Die Wallfahrten begannen, nachdem es im Jahre 1489 zwei Heilungswunder gegeben hatte. Zwei Buben, die verunglückt waren, wurden nach Bitten zu Maria wieder lebendig. In den Glanzzeiten der Wallfahrt wurden hier bis zu einer Million Pilger im Jahr gezählt. In Zeiten großer Not wird hier um Schutz gebetet. Weihegaben und Kunstschätze sind im „Haus Benedikt XVI." mit Schatzkammer und Wallfahrtsmuseum zu besichtigen. Im Mai 2021 sollte eine Fußwallfahrt von Regensburg nach Altötting stattfinden, zum 192. Mal. Maximal 50 Pilger wollten den dreitägigen Marsch auf sich nehmen, darunter Bischof Voderholzer. Gläubige, die nicht mitgehen konnten, durften ihr Anliegen per email schicken oder auf einen Zettel schreiben und im Regensburger Dom in eine Urne legen.

Katholische Spezialitäten

Der Bischof wollte alle diese Zettel und die email in seinem „Anliegenrucksack" nach Altötting zur Madonna bringen.

>>> Ist es nicht genauso viel wert, ein Gebet an einem stillen Ort, zuhause oder in der Natur, an Maria, Jesus oder Gott zu richten? Oder möchte man durch Zettel oder email dem Bischof seine Frömmigkeit zeigen? Auch die Digitalisierung der Religionsausübung schreitet voran: es gibt Gottesdienste per Livestream, geistliche Impulse per Internet, Segen per Telefon, Bittgebete per email…. Vielleicht wäre es sinnvoll, eine separate email-Adresse für Maria in Altötting einzurichten?

Andere bedeutende Marien-Wallfahrtsorte in West-Europa sind noch Fatima in Portugal und Lourdes in Südfrankreich.

Fatima:
(der Name der Tochter des Propheten Mohammed). Im Jahr 1917 erschien die Jungfrau Maria in diesem Ort drei Hirtenkindern und teilte ihnen Botschaften von weltgeschichtlicher Bedeutung mit, z.B. über das Ende des 1. Weltkrieges und über das Christentum in Russland. Zwei der sogenannten Geheimnisse wurden 1942 veröffentlicht; das dritte Geheimnis erst im Jahre 2000. Papst Franziskus sprach 2017, zum 100. Jahrestag der Erscheinung, zwei dieser Hirtenkinder heilig.

>>> Warum teilte Maria solche wichtigen Botschaften nicht dem Papst oder einem Bischof direkt mit sondern ungebildeten Hirtenkindern? Warum wurden die Botschaften erst nach Jahrzehnten veröffentlicht?

Lourdes:
Im Jahre 1858 gab es eine Reihe von Marienerscheinungen in Lourdes. In der Grotte, in der das geschehen sein soll, legte die 14 jährige Bernadette Soubirous eine Quelle frei, die seitdem als heilkräftig gilt. Von den ca. 7000 gemeldeten Wunderheilungen wurden bisher immerhin 70 von der katholischen Kirche anerkannt. Dieses 1% hält den Pilgerstrom in Gang, jährlich kommen Millionen von Pilgern nach Lourdes.

Katholische Spezialitäten

>>> Wir sind doch umgeben von Gottes Schöpfung, von seinen echten Wundern. Wir leben in einer „wundervollen" Welt. Wir benötigen doch keine zusätzlichen, zweifelhaften, von Menschen erfundene Wunder.

Privat-Offenbarungen.
Marienerscheinungen wie in Lourdes oder Fatima, die von Nicht-Klerikern erlebt werden, sind nur sogenannte Privat-Offenbarungen, d.h. es sind immer nur Anregungen für das religiöse Leben, aber es können niemals neue Glaubenswahrheiten sein. Ganz anders natürlich bei Erscheinungen, die von Päpsten oder anderen Kirchenmännern erlebt werden. Diese sind immer sehr bedeutend und müssen ernst genommen werden.
>>> Die Kirche weiß also schon vor der Privat-Offenbarung, dass diese nicht wichtig ist. Es darf ja auch nicht sein, dass womöglich ein schlichter Mensch eine göttliche Offenbarung bekommt und dann z.B. die Lehre der Kirche in Frage stellen bzw. als falsch bezeichnen würde.

Die katholische Kirche legt großen Wert auf Rituale, Prozessionen, Prachtentfaltung, ganz besonders am Fronleichnamsfest. Dieses Fest wurde von Papst Urban IV. im Jahre 1264 eingeführt. Katholiken feiern mit diesem Fest die „wirkliche Gegenwart" von Jesus Christus in den Gestalten von Brot und Wein. Bei dieser Feier wird die Monstranz mit dem Gebäck (der Hostie) in einer großen Prozession durch die Stadt getragen und es wird erwartet, dass alle Menschen diesen Behälter mit der Hostie respektvoll grüßen. In den 1960er Jahren wurde die Prozession in Regensburg vom Fürstenhaus Thurn und Taxis angeführt, als Demonstration der Frömmigkeit und der Machtverhältnisse in der Stadt. In den evangelischen Jahren Regensburgs, zwischen 1542 bis 1800, war diese Prozession stets ein besonderes Politikum gewesen.

>>> Diese Zurschaustellung des eigenen Glaubens soll eine Demonstration der Überlegenheit der eigenen Religion sein nach dem Motto: WIR haben den Herrn Jesus, Gottes Sohn, leiblich und persönlich bei UNS. Diese Prozession ist respektlos gegenüber anderen Religionen.

Katholische Spezialitäten

Im Juni 2022 gab es in Regensburg eine Prozession unter dem Motto „Den Glauben in die Stadt tragen". Der Bischof bezeichnete sie als Demonstration für das Leben und für Jesus Christus. Der Prozessionszug setzte sich folgendermaßen zusammen: An der Spitze der Bischof mit Mitarbeitern und kirchlichen Gemeinschaften, dann Schwesterngemeinschaften, Erstkommunionkinder, Firmkinder und Priester, danach Ordensritter in Uniform und mit Degen, päpstliche Ordensträger, Vertreter des öffentlichen Lebens und kirchlicher Verbände (Frauenbund, Malteser, Kolpingfamilie). Ganz am Schluß folgten noch Kirchgänger...

Neapel: Ein „Wunder" soll UNESCO-Kulturerbe werden.
Wie die „Mittelbayerische" am 26.11.22 berichtete, werden die beteiligten Institutionen in Neapel eine Bewerbung mit dem Titel: „Der Volkskult des heiligen Januarius in Neapel und in der Welt" an die UNESCO schicken. Dieser Heilige Gennaro, Januarius, starb den Märtyrertod am 19. September 305 in Neapel unter Kaiser Diokletian. In der Kathedrale San Gennaro werden Glasfläschchen mit dem Blut des Heiligen aufbewahrt, das eine Neapolitanerin bei der Enthauptung des Märtyrers aufgefangen haben soll. Dreimal im Jahr, auch am 19. Sept., zeigen die Priester dem Volk diese Gläser. Wenn sich dabei das Blut verflüssigt, ist das ein gutes Zeichen, wenn es sich nicht verflüssigt sondern eingetrocknet bleibt, steht etwas Schlimmes bevor.

>>> Johann Caspar Goethe, der Vater des Johann Wolfgang Goethe, hat auf seiner Italienreise 1740 schon vermutet, dass die Priester mit ihren Händen das Glas manipulieren (erwärmen) und die Verflüssigung hervorrufen. Goethe bezeichnete dieses „Wunder" als Betrug und Aberglaube. (Johann Caspar Goethe, Reise durch Italien im Jahre 1740. Seite 167, 168, dtv). Dieser Betrug und Volksverdummung, der von der katholischen Kirche gefördert wird, soll nun UNESCO-Kulturerbe werden. Warum heißt es „Volkskult" und nicht „Kult der katholischen Kirche"? Es gibt sicher viel bessere Bewerber für diesen ehrenhaften UNESCO-Titel, als diese betrügerische Vorstellung der katholischen Priester.

Katholische Spezialitäten

Santiago de Compostela.

Menschen aus aller Welt pilgern nach Santiago de Compostela in Nordspanien. Dort soll sich das Grab des Apostels Jakobus befinden. Pilgerwege aus ganz Europa führen z.B. bis nach Puente la Reina in Spanien und von dort aus zum Wallfahrtsort. Zu bestimmten Zeiten wird ein Heiliges Jahr ausgerufen. Anfang des 19. Jahrhunderts ging die Zahl der jährlichen Pilger stark zurück, stieg aber im Heiligen Jahr 1885 wieder an, nachdem Papst Leo XII. die Echtheit der dort aufgefundenen Gebeine des Apostels Jakobus bestätigt hatte.

>>> Als die Einnahmen weniger wurden, musste die katholische Kirche reagieren. Papst Leo XII. erkannte plötzlich, dass die über tausend Jahre alten Knochen wirklich die Knochen des Apostels Jakobus sind. Das ist eine enorme „wissenschaftliche" Leistung, die auch von den Gläubigen gewürdigt wurde, indem die Pilgerzahlen wieder anstiegen und die damit zusammenhängenden Geschäfte wieder sehr gut liefen.

Guadalupe, Mexiko.

Eine der größten Wallfahrten der Welt findet in Mexiko am 12. Dezember statt, zur Jungfrau von Guadalupe. Die Jungfrau ist natürlich Maria, die Mutter Jesu. Sie erschien im Jahre 1531 nicht etwa einem Priester oder dem Bischof, sondern einem einfachen, indigenen Bauern und beauftragte ihn, eine Kapelle zu bauen. Heute ist diese Jungfrau von Guadalupe die Schutzpatronin Mexikos und jedes Jahr pilgern Millionen von Gläubigen zur Basilika in Mexiko-Stadt.

>>> Wie schon im Falle der Marienerscheinungen von Lourdes und Fatima stellt sich auch hier die Frage, warum Maria solche Aufträge zum Kirchenbau nicht direkt der katholischen Kirche erteilt, sondern einem armen Bäuerlein. Die katholische Kirche jedenfalls greift solche „Aufträge" gerne auf und entwickelt daraus eine lukrative Einnahmequelle und guten Ersatz für den früheren „heidnischen Aberglauben".

Katholische Spezialitäten

Ketzer, Hexen, Ökumene

Die Inquisition wurde im 13. Jahrhundert von den Päpsten Innozenz III. und Gregor IX. eingerichtet anlässlich des Kreuzzuges gegen die friedlichen Katharer und die christlichen Waldenser. Die Männer der Inquisition hatten die Aufgabe, die sogenannten Ketzer zu verhören, sie zum römisch-katholischen Glauben zurückzubringen oder sie anderenfalls dem „weltlichen Arm der Kirche", das heißt den weltlichen Herrschern zur Bestrafung zu übergeben. Um ihr Leben zu retten, konnten die Angeklagten Eide leisten, die sinngemäß lauteten: „Ich werde in Zukunft nur noch das glauben, was die katholische Kirche mir zu glauben vorgibt. Ich werde alles, was ich mir aus eigener Vernunft überlegt habe, wieder vergessen."
Im Jahre 1213 wurde in Frankreich und Deutschland die Todesstrafe für Ketzer eingeführt. Im Jahre 1252 führte Papst Innozenz IV. die Folter als Verhörmethode der Inquisition ein. Die Kirche folterte nun auch selbst, aber sie mordete nicht, sie wollte sich die Hände nicht schmutzig machen. Sie wusste jedoch sehr wohl, dass die Übergabe an den weltlichen Herrscher den Tod bedeutete, z.B. auf dem Scheiterhaufen.

>>> Gab es jemals eine Entschuldigung der römisch-katholischen Kirche für diesen Terror? Gab es jemals eine Geste der Demut, ein Eingeständnis von Schuld? Einige Jahrhunderte später gab es stattdessen das Dogma, dass der Heilige Geist die Kirche führe und sie deshalb unfehlbar sei. Damit war für die Kirche die Schuldfrage geklärt und erledigt, weitere Entschuldigungen waren nicht mehr erforderlich.

Der Begriff „Hexe" taucht in Deutschland erst im späten 14. Jahrhundert auf. Die Hexenverfolgung beginnt allerdings bereits Im Alten Testament, auch wenn der Begriff „Hexe" dort nicht vorkommt. Dort heißt es im Buch Exodus (zweites Buch Mose 22, 17): „Eine Zauberin sollst du nicht am Leben lassen". Im Neuen Testament heilt Jesus viele Menschen, die von Dämonen und unreinen Geistern besessen waren und gibt diese Vollmacht an seine Jünger weiter.

Katholische Spezialitäten

Der Heilige Augustinus (5. Jahrhundert) verknüpfte Zauberei und Dämonen in seiner Theologie zu einem Pakt mit dem Teufel. Der heilige Thomas von Aquin (13. Jahrhundert) behauptete, der Teufelspakt werde durch Geschlechtsverkehr des Menschen mit einem Dämon vollzogen. Thomas von Aquin sah Sex aus Lust als unnatürlich an, das konnte für ihn nur „teuflisch" sein.
>>> Beide Heilige sind noch heute hochangesehene Kirchenväter und Kirchenlehrer und durch ihre Theologie mitverantwortlich für die scheinheilige Sexualmoral der katholischen Kirche.

Der Begriff „Ketzer" entstand aus dem Begriff „Katharer". Die Katharer lebten in Südwestfrankreich, im Languedoc, und wurden wegen Abweichung von der katholischen Lehre blutig verfolgt. Einige Jahrzehnte später waren es die Waldenser im Piemont und in der Provence, die die gleiche Verfolgung zu erleiden hatten. (ab 12. Jahrhundert). Die kirchliche Propaganda unterstellte den Katharern und Waldensern Zauberkünste und Teufelsanbetung, um ihnen dadurch die Unterstützung durch das Volk zu entziehen. Das, was die vorher genannten Verfluchungen den Menschen für die Zeit nach ihrem Tod ankündigen, weil sie nicht glauben wollen, was ihnen die katholische Kirche vorgibt, hat die Kirche selbst schon den sogenannten Ketzern und Hexen zu deren Lebzeiten angetan oder antun lassen. Der sogenannte „weltliche Arm", d.h. die weltlichen Machthaber, Fürsten, Könige usw. haben für die Kirche die schmutzige Arbeit, das Töten, erledigt. Die Priester beteten nur.

Schon im Jahre 1840 schrieb der königlich bayerische Professor Michael Aschenbrenner in seinem Buch „Über die Herstellung einer allgemeinen christlichen Kirche..." folgendes: „Der Hauptgrund des heftigen Anstoßes der katholischen Kirche (...) liegt in der exklusiven Lehre von der ewigen Seligkeit, die nur innerhalb der katholischen Kirche erlangt werden kann und in der absoluten Kirchenherrschaft der katholischen Päpste und Bischöfe. „Wer die katholische Kirche nicht zur Mutter hat, kann Gott nicht zum Vater haben. Der vom Baum abgebrochene Ast kann keine Früchte bringen. (...)".

Katholische Spezialitäten

So lange dieses Prinzip der allein heilig- und seligmachenden Kirche festgehalten wird (...) und so lange die absolute Kirchenherrschaft der katholischen Hierarchie fortdauert, wird auch der Zwiespalt im bürgerlichen Leben fortdauern..."

>>> Was hat sich in den zweihundert Jahren seitdem geändert? Nichts.

Mai 2021: Die „Augsburger Allgemeine" schreibt zum Ökumenischen Kirchentag in Frankfurt: „Von einem gemeinsamen Abendmahl, das ein katholisch-evangelischer Studienkreis der Kirchen vor zwei Jahren für theologisch durchaus vertretbar gehalten hat, wagt inzwischen kein katholischer Bischof mehr zu träumen. In Frankfurt will man „ökumenisch sensibel feiern" und beim Empfang von Abendmahl oder Eucharistie die individuelle Gewissensentscheidung achten."
Die „Mittelbayerische" schreibt: „Kardinal Gerhard Ludwig Müller, der ehemalige Präfekt der römischen Glaubenskongregation und frühere Bischof von Regensburg, hat die gemeinsamen Abendmahlsgottesdienste katholischer und evangelischer Christen beim Ökumenischen Kirchentag in Frankfurt/M. kritisiert. Dies sei „eine Provokation des Lehramtes der katholischen Kirche", sagte Müller. In vier Präsenzgottesdiensten waren am Samstag in Frankfurt Katholiken eingeladen worden, am evangelischen Abendmahl teilzunehmen, während Protestanten umgekehrt die katholische Eucharistie mitfeiern konnten." (dpa)

>>> Der Ökumenische Rat der Kirchen hat 350 Mitgliedskirchen in aller Welt. Die große römisch-katholische Kirche jedoch ist nicht Mitglied. Papst Franziskus besuchte den Rat 2018 in Genf und rief zur Überwindung des Lagerdenkens auf. Das ist Ironie, aber die Realität. Den Glaubenshütern in Rom ist ihre „Wahrheit", ihre katholischen Lehre viel wichtiger als christliche Gemeinsamkeiten. Was Jesus dazu wohl sagen würde...? Ein gutes Zeichen ist es immerhin, dass immer mehr Katholiken es wagen, anders zu denken und zu handeln, als es ihnen von Rom diktiert wird (siehe die Reformbewegung „Synodaler Weg".)

Katholische Spezialitäten

>>> Seit 2000 Jahren schreibt die Kirche den Menschen vor, was sie zu glauben haben. Um ihre Vorschriften durchzusetzen, hat die Kirche sich aller denkbaren Druckmittel und Grausamkeiten bedient. Christen, die nach der Bibel, nach Gottes und Jesu Worten leben wollten, aber die Glaubensvorschriften und die Autorität der katholischen Kirche missachteten, wurden gnadenlos verfolgt, gefoltert und hingerichtet.

Auf Betreiben und Verlangen der Päpste wurde im 13. Jahrhundert ein Kreuzzug gegen die friedlichen Katharer in Südwest-Frankreich durchgeführt, um diese Ketzer zu vernichten. Die friedlichen christlichen Waldenser in den Tälern des Piemont, der französischen Alpen und des Luberon in der Provence wurden über mehrere Jahrhunderte grausam verfolgt, vertrieben und getötet. Ihre kleinen Kinder wurden ihnen weggenommen, um sie katholisch zu erziehen.

Der Reformator Jan Hus aus Böhmen wurde im 15. Jahrhundert mit der kaiserlichen Garantie des freien Geleits zum Kirchenkonzil nach Konstanz gelockt und dort 1415 auf dem Scheiterhaufen verbrannt.

In der Bartholomäus-Nacht 1572 wurden in Paris und Frankreich tausende Christen ermordet weil sie Protestanten waren. Der Papst ließ aus Freude darüber eine Gedenkmünze prägen und sich ein dreiteiliges Gemälde in den Vatikan hängen, es hängt noch heute dort. Es zeigt blitzende Schwerter, die auf Männer, Frauen und Kinder einstechen. Die Verfolgung der Hugenotten, der Protestanten Frankreichs 100 Jahre später, war der Abschluss dieser Mordserie aus Glaubensgründen in Europa.

Der 30-jährige Krieg in Europa war 1648 zu Ende gegangen und die römisch-katholische Kirche hatte endlich akzeptiert, dass sich in Europa nicht mehr alle Menschen von ihr vorschreiben lassen wollten, was sie zu glauben hatten. Unabhängig davon aber ging die gewaltsame Durchsetzung des christlichen Glaubens gegenüber sogenannten heidnischen Völkern der neuentdeckten Kontinente Südamerika, Afrika usw. weiter.

Katholische Spezialitäten

Gegenwärtig nehmen die katholischen Religionsführer Kontakt zu anderen Religionen auf, die sie jahrhundertelang verteufelt, bekämpft oder ignoriert haben. Gemeinsamkeiten werden nun betont und nicht mehr die Unterschiede. Leider werden keine Kompromisse gesucht bzw. gefunden und auch die Verfluchungen sind immer noch gültig…

Papst Franziskus traf sich 2021 im Irak mit Großajatollah Ali al-Sistani, dem wichtigsten schiitischen Geistlichen im Lande. Es wurde keine Erklärung veröffentlicht, aber gemeinsame Bilder zeigten die Bedeutung dieser Begegnung. Der Papst sprach von „Schwestern und Brüdern".

Im Dezember 2020, zum 500. Jahrestag der Exkommunikation Martin Luthers durch den Papst Leo X., haben evangelische und katholische Theologen gemeinsam verlangt, die noch immer gültige Bannbulle außer Kraft zu setzen. Mit dieser Bannbulle wurden alle Anhänger Luthers zu Ketzern erklärt, sie ist immer noch gültig. Auch dazu passt das Weiterbestehen der vorher beschriebenen Verfluchungen…

Papst Franziskus traf sich 2019 in Abu Dhabi mit dem sunnitischen Großimam der Al-Azhar-Moschee in Kairo, Ahmad al-Tayyib. Beide unterzeichneten eine gemeinsame Erklärung über die Geschwisterlichkeit aller Menschen.

Papst Franziskus und der russisch-orthodoxe Patriarch Kirill betonten 2016 in Kubas Hauptstadt Havanna ihre Gemeinsamkeiten. Dieses Treffen war die erste Begegnung der beiden Kirchenoberhäupter seit der Kirchenspaltung im 11. Jahrhundert.

Papst Franziskus hat sich im Jahre 2015 als erster Papst bei den protestantischen Waldensern entschuldigt, die seit ca. 1200 von der katholischen Kirche als Ketzer blutig verfolgt wurden. Die Entschuldigung wurde anläßlich des Besuches des Papstes in der Waldenser-Gemeinde Turin ausgesprochen.

Katholische Spezialitäten

Papst Johannes Paul II. besuchte 1986 als erster Papst die Hauptsynagoge der jüdischen Gemeinde in Rom. Jesus war Jude, die Apostel waren Juden, Christen und Juden verehren einige gleiche Teile des Alten Testamentes. Sie haben den gleichen Gott.

>>> Warum hat das alles so lange gebraucht? Warum konnten oder wollten die Religionen nicht schon vorher miteinander reden? Christen, Muslime, Juden, sie alle beten doch zum gleichen Gott. Wahrscheinlich hat jede Religionsgemeinschaft die Sorge, ihr Monopol auf „die Wahrheit" zu verlieren. Dadurch aber werden alle diese Religionen gleichermaßen unglaubwürdig.

Bei der katholischen Kirche kommt hinzu, dass sie ja nach eigener Aussage vom Heiligen Geist geführt wird und daher nicht irren kann. Würde man also die Verfluchungen, die Bannbulle gegen Martin Luther u.a. zurücknehmen, müsste man entweder zugeben, der Heilige Geist habe sich geirrt, oder man müsste zugeben, dass man ohne seine Führung so gehandelt hat. Beides ist der heutigen römisch-katholischen Kirche nicht möglich. Die Welt wird darauf noch lange warten müssen. Die Kirche hat sich in ihren Dogmen selber so sehr gefesselt, dass sie sich nicht mehr bewegen kann. Daher bleibt nur der eine Ausweg, weiterhin zu behaupten, man sei im Besitz der „Wahrheit", auch wenn das immer weniger Menschen weder hören noch glauben mögen.

3. Synodaler Weg

Der Synodale Weg wurde von den deutschen katholischen Bischöfen gegründet, nachdem der tausendfache Missbrauch von Jugendlichen durch über eintausend Kleriker der deutschen, römisch-katholischen Kirche öffentlich bekannt geworden war. Das sind unfassbare, unglaubliche Größenordnungen! Nun möchte man die Ursachen dieses Skandals verstehen und Reformen anstoßen bzw. einleiten. Es geht dabei um Machtausübung, die Sexualmoral und die Rolle der Frauen in der Kirche. Die konservativen Kritiker innerhalb der katholischen Kirche sprechen nur vom „sogenannten" Synodalen Weg.

Missbrauch durch Kleriker

Am 18. Januar 2013 wurde in der Stuttgarter Zeitung berichtet, dass es 8500 Anrufe von Missbrauchsopfern bei der katholischen Kirche gegeben hat. Diese Anrufe wurden ermöglicht über eine spezielle Telefonleitung, die von März 2010 bis Ende 2012 in Betrieb war und dann abgeschaltet wurde. Mehr als 60% der Anrufer gaben an, Opfer sexueller Gewalt gewesen zu sein. 2018 wurde von der katholischen Kirche die sogenannte MHG-Studie veröffentlicht. Demnach sind bundesweit 1670 (eintausendsechshundert und 70) Kleriker wegen sexuellen Missbrauchs Minderjähriger beschuldigt worden!.

In den deutschen Bistümern wurde in den Gottesdiensten am 27./28. Februar 2021 der Opfer der Corona-Pandemie gedacht. In Limburg erinnerte der Vorsitzende der katholischen Deutschen Bischofskonferenz an die Schicksale der Gestorbenen und ihrer Angehörigen. In München sagte Erzbischof Marx: „...da dürfen wir als Christen nicht eine Kultur der Gleichgültigkeit fördern...".
>>> Wäre es nicht dringend notwendig, in den Gottesdiensten auch einmal der Opfer dieses Missbrauchs kirchlicher Macht zu gedenken, die zum Teil ein Leben lang mit ihren Erlebnissen zu kämpfen haben?

Synodaler Weg

Im Piusheim in Baiern bei München wurden schwer erziehbare Jungen im Alter von sechs bis 18 Jahren betreut. Nach Bekanntwerden massiver Missbrauchsvorwürfe gegen das ehemals katholische Heim meldeten sich immer mehr Betroffene. Der Sprecher der Opfer-Initiative „Eckiger Tisch" sagte, nach den Schilderungen, die ihn erreichen, war das „eine höllische Einrichtung". („Süddeutsche Zeitung" 7.4.21)

Berichte über den Missbrauch von Kindern gibt es auch über das Kloster Ettal in Oberbayern und das nahe gelegene Hänsel-und-Gretel-Heim in Oberammergau. Das Heim wird geleitet von Nonnen des katholischen Frauenordens der „Niederbronner Schwestern". Der Orden betreibt mehrere Einrichtungen in Süddeutschland und Österreich. Ein Pater aus Ettal wurde wegen Unzucht mit Kindern verurteilt; als er wieder freikam, wurde er an dieses Hänsel-und-Gretel-Heim versetzt. Andere Pater verbrachten ihre Sommerferien dort. Es besteht der Verdacht, dass die Nonnen den Kontakt dieser Pater zu den Heimkindern gefördert und dadurch Missbrauch begünstigt haben.

In Feldafing am Starnberger See wurde bis 1972 vom Paritätischen Wohlfahrtsverband Bayern ein weiteres Heim, das Haus Maffei, betrieben. In der Süddeutschen Zeitung vom 30./31. Januar 2021 berichtet ein 67 jähriger Mann, wie er in der Dorfkirche nahe beim Heim vom damaligen Feldafinger Pfarrer vergewaltigt wurde. Andere Kinder des Heimes wurden von den Erzieherinnen ebenfalls zu diesem Pfarrer geschickt, der sie dann vergewaltigte. Auch weltliche Mitarbeiter des Paritätischen Wohlfahrtsverbandes seien an den Vergewaltigungen beteiligt gewesen. Nach sieben Jahren in Feldafing wurde der junge Bursche schließlich ins Salesianum geschickt, ein vom Orden der Salesianer betriebenes Jugendheim in München, um dort eine Lehre zu beginnen. Nach einer Woche wurde er dort von einem Geistlichen vergewaltigt.

Das Heim an der Engelsgasse in Speyer wurde ebenfalls vom Orden der „Niederbronner Schwestern" betrieben. Ein Sozialgericht hält im Frühjahr 2020 die Aussagen und Berichte eines Mannes über Vergewaltigungen für glaubhaft und spricht ihm eine lebenslange Opferrente zu.

Die Nonnen nahmen für ihre Vermittlerdienste von an den Sexorgien beteiligten Geistlichen und Politikern Geld in Empfang.

Die Staatsanwaltschaft Regensburg ermittelte 2019 gegen einen Pfarrer wegen Verdachts auf sexuellen Missbrauch. Der Pfarrer wurde vorläufig vom Dienst beurlaubt, das Bistum hat den Fall der Staatsanwaltschaft übergeben. 40 Jahre hatte der Pfarrer in der betroffenen Gemeinde gewirkt. Keiner der Pfarrangehörigen kann die Vorwürfe glauben, alle stehen hinter ihrem Pfarrer. Das Bistum hat als Vertretung einen aus Indien stammenden Priester benannt.

Bei den Regensburger Domspatzen wurden 500 Sänger Opfer körperlicher Gewalt, mindestens 67 Domspatzen wurden Opfer sexueller Gewalt. Eine Untersuchung für das gesamte Bistum gibt es bisher nicht.

Ein Priester aus dem Bistum Regensburg wurde im November 2022 zu einer Gefängnisstrafe von 2 Jahren und acht Monaten verurteilt wegen sexuellen Missbrauchs und Zwangsprostituition von minderjährigen Jungen. Der Priester soll die Jungen über Internet-Datingportale kennengelernt haben. („Mittelbayerische" vom 22.11.2022).

Der Leiter des Seelsorgeamtes im Bistum Regensburg tritt im Herbst 2022 von seinen kirchlichen Ämtern zurück. Die Arbeit am Missbrauchstelefon hat ihn krank gemacht. Er hat bei seiner Arbeit den Eindruck gewonnen, die Kirche kreist zu sehr um sich selbst, um ihr Ansehen, ihre Strukturen und ihre Macht.

Seitdem das Erzbistum München und Freising im Januar 2022 das Gutachten über sexuellen Mißbrauch im Bistum veröffentlichte, haben sich bis Oktober 2022 weitere 51 Betroffene gemeldet. Das Gutachten geht von mindestens 497 Opfern und 235 Tätern und einem größeren Dunkelfeld aus. Im März trat daraufhin der höchste Kirchenrichter des Bistums, Wolf, von seinen Ämtern zurück. Die Gutachter bescheinigten dem Erzbischof Marx „bis in jüngste Zeit weitgehendes Desinteresse und fehlende Empathie" für die Betroffenen.

Landtagspräsidentin Aigner hat Zweifel, dass die Kirche den Missbrauchsskandal selbst aufarbeiten kann. Justizminister Eisenreich sichert eine rückhaltlose juristische Aufklärung zu. Die Staatsanwaltschaften ermitteln. In einer Pressekonferenz Ende Januar 2023 sagte Marx, der Skandal um den massenhaften Missbrauch in der katholischen Kirche habe ihm die Erkenntnis gebracht: „Die Kirche, die du dir wünscht und die du auch sehen möchtest, die gibt es gar nicht". (dpa).

Im Erzbistum Bamberg wurde gegen einen langjährigen Pfarrer aus Wallenfels ermittelt. Bereits 1963 waren erste Anschuldigungen aktenkundig geworden, aber noch 1999 wurde ein weiterer Vorwurf des sexuellen Missbrauchs gegen den Pfarrer erhoben. Der derzeitige Erzbischof Schick sagte, er habe erst 2005 nach dem Tod dieses Pfarrers davon erfahren. Der vormalige Erzbischof habe schwere Schuld auf sich geladen, indem er nichts gegen diesen Pfarrer unternommen habe.

Im Bistum Eichstätt wurden schwere Vorwürfe gegen den ehemaligen Bischof Brems bekannt. Er hatte einem polizeilich gesuchten Priester eine falsche Identität gegeben und ihm zur Flucht ins Ausland verholfen. Man diskutiert z.Zt. in Eichstätt, ob man dem ehemaligen Bischof Brems die Ehrenbürgerwürde der Stadt und die Ehrendoktorwürde der Universität Eichstätt aberkennen sollte.

In der Stadt Köln wurde im Februar 2022 ein Priester zu zwölf Jahren Gefängnis wegen sexuellen Missbrauchs an neun Mädchen verurteilt. Der Priester sei als „eine Art Repräsentant Gottes" aufgetreten und wurde für 110 Fälle von Missbrauch während 40 Jahren für schuldig befunden. Ein anderes Opfer aus Köln klagte Mitte 2022 erstmals gegen die katholische Kirche als Institution, weil sie den schweren Missbrauch in 320 Fällen nicht verhindert hat. Der Papst entsendet im Mai 2022 zwei Apostolische Visitatoren nach Köln, den Bischof von Stockholm und den Bischof von Rotterdam. Sie sind beauftragt, sich vor Ort ein Bild von der Situation zu verschaffen und dem Papst zu berichten

Synodaler Weg

Im Bistum Limburg wurde im Juni 2022 der Leiter des Priesterseminars tot aufgefunden. Die Staatsanwaltschaft geht von Selbstmord aus. Der Priester war von Bischof Bätzing wegen Vorwürfen des übergriffigen Verhaltens vorläufig von seinen Ämtern freigestellt worden.

Im Bistum Osnabrück stand im Oktober 2022 ein Pfarrer vor Gericht, der in seiner Wohnung Datenträger mit kinderpornographischen Dateien in vierstelliger Zahl gehortet hatte. Als die Vorwürfe im Herbst 2021 bekannt wurden, nahm Bischof Bode den Pfarrer aus dem Dienst.

Im Bistum Münster bringt eine Studie zum Missbrauch folgendes Ergebnis: In den letzten 75 Jahren haben sich annähernd 200 Kleriker an mindestens 610 Minderjährigen vergangen. Die Dunkelziffer lässt vermuten, dass es 5000 bis 6000 Opfer gibt. Der amtierende Bischof Genn räumt Fehler ein, will aber nicht zurücktreten.

Im Ruhrbistum, dem kleinsten Bistum Deutschlands, sind bislang 423 Fälle von sexuellem Missbrauch durch Priester und Ordensleute gemeldet worden. Das Bistum spricht von 201 Beschuldigten bis Februar 2023. Ruhrbischof Overbeck, seit 2009 Bischof in Essen, sagte: „Wir müssen als Bistum ehrlich sein: Es hat in der Vergangenheit in unserer Bistumsverwaltung massive Versäumnisse bis hin zur aktiven Vertuschung gegeben." Den Opfern habe das Bistum oft keinen Glauben geschenkt, da „zu allererst die Kirche und ihre Priester zu schützen seien".

Im Bistum Mainz wurden Fälle von sexueller Gewalt jahrzehntelang verharmlost, verschwiegen und nicht angemessen verfolgt. Dadurch wurde sexueller Missbrauch begünstigt, die Pfarrgemeinden haben durch Diskreditierung der Opfer und falsche Solidarisierung mit den klerikalen Tätern dazu beigetragen. Die am 4.3.2023 veröffentlichte Studie (Anwälte U.Weber u.a.) mit dem sperrigen Namen „Studie zu Taten gegen die sexuelle Selbstbestimmung seit 1945 im Verantwortungsbereich des Bistums Mainz" nennt 657 Betroffene und 392 Beschuldigte. Den früheren Bischöfen Kardinal Volk und Kardinal Lehmann wird vorgeworfen, sich nicht um die Betroffenen, sondern sich vorrangig um den Schutz der Kirche gekümmert zu haben. (dpa)

Synodaler Weg

Im Bistum Speyer ist der langjährige Generalvikar Sturm aus Protest gegen den Missbrauch und den Umgang damit aus der römisch-katholischen Kirche ausgetreten und hat sich der Altkatholischen Kirche angeschlossen. Bischof Wiesemann zeigte sich darüber schockiert.

Wenn ein Priester einen Jugendlichen missbrauchte, beging er aus Sicht der Kirche „nur" Ehebruch, da er doch mit der Kirche verheiratet ist. Der missbrauchte, leidende Jugendliche selbst war garnicht so wichtig, daher hatte er auch keinerlei Rechte. Im Juni 2021 verschärfte der Vatikan das kirchliche Strafrecht. Missbrauch wird künftig nicht mehr als Verstoß gegen den Zölibat gewertet, sondern als „Straftat gegen Leben, Würde und Freiheit des Menschen". Kirchenobere können nun nicht mehr selbst entscheiden, ob sie solche Vergehen bestrafen oder nicht. Die Höchststrafe für Priester ist die Entfernung aus dem Klerikerstand.

>>> Das soll eine Strafe sein für jemanden, der das Leben eines anderen Menschen zerstört hat? Dafür braucht es eine angemessene staatliche Strafe, die nur lauten kann: Gefängnis.

Sternsinger-Aktion 2023. Aus dem Pfarrbrief Nr. 12 der Pfarreiengemeinschaft St. Paul – St. Josef, Regensburg.
Zitat: Unter dem Motto „Kinder stärken, Kinder schützen – in Indonesien und weltweit" steht der Kinderschutz im Fokus der Aktion Dreikönigssingen 2023. Weltweit leiden Kinder unter Gewalt. Die Weltgesundheitsorganisation schätzt, dass jährlich eine Milliarde Kinder und Jugendliche physischer, sexualisierter oder psychischer Gewalt ausgesetzt sind.

>>> Unter dem Eindruck des Missbrauchskandals in der katholischen Kirche Deutschlands klingt das sehr nach Verallgemeinerung und nach Relativierung. Es soll wohl der Eindruck entstehen: bei uns war es doch garnicht so schlimm, in anderen Ländern ist es doch viel schlimmer…! Das Motto: „Kinder stärken, Kinder schützen" wäre doch sehr passend für eine eigene innerkirchliche Kampagne gegen die Missbrauchstäter.

Synodaler Weg

Im April 2021 verleiht Bundespräsident Steinmeier das Bundesverdienstkreuz an den Jesuitenpater Mertes und den Mitbegründer der Betroffenenorganisation „Eckiger Tisch", M. Katsch, für die Aufdeckung des Missbrauchskandals in der katholischen Kirche. Steinmeier sagte, „...solche Fälle dürfen nie wieder nur als innere Angelegenheiten der betroffenen Institutionen, auch nicht der Kirchen, behandelt werden." Der Schutz des Individuums müsse Vorrang vor dem Schutz der Institution erhalten.

Im Dezember 2022 fordern Abgeordnete der Grünen im bayerischen Landtag erneut eine von der katholischen Kirche unabhängige Kommission zur Aufarbeitung von sexualisierter Gewalt in der Kirche. Man dürfe die Aufarbeitung nicht alleine der Kirche überlassen. Die Kirche habe „institutionell versagt". (dpa).

>>> Zusammenfassend muss man davon ausgehen, dass im Deutschland der Nachkriegszeit bis heute in der römisch-katholischen Kirche mehrere tausend Kinder und Jugendliche von einigen tausend Klerikern, den geweihten Männern, missbraucht worden sind.

Das ist ungeheuerlich!

Man stelle sich irgendeine andere Vereinigung oder Organisation vor, bei der solche massenhaften Verbrechen gegen Kinder und Jugendliche aufgedeckt werden. Bei dieser unglaublichen Menge von Verbrechen und Verbrechern wäre jede andere Organisation von einer demokratischen, unabhängigen staatlichen Justiz schon längst verboten und aufgelöst worden!

Diese römisch-katholische Kirche hat keinen Heiligenschein mehr und sollte nicht weiter behaupten, sie werde vom Heilgen Geist geleitet. Diese Kirche hat selber das Gegenteil bewiesen.

Synodaler Weg

Vertuschung, Schuld, Sühne

Viele der Verbrechen und Vertuschungsversuche katholischer Geistlicher sind bereits allgemein bekannt, daher ist es nicht erforderlich, sie hier noch einmal darzustellen. Viele Bistümer arbeiten nun ihre Vergangenheit auf und lassen Studien erstellen. Bisher war den hochrangigen Klerikern der Schutz der „Mutter Kirche" immer viel wichtiger als die Missbrauchsopfer und die Bestrafung der Übeltäter. Hier eine nicht vollständige Liste von an den Vertuschungen beteiligten Klerikern:

Kardinal Josef Ratzinger, Rom.
Kardinal Meisner, Köln.
Kardinal Höffner, Köln.
Kardinal Woelki, Köln.
Kardinal Wetter, München.
Weihbischof Schwaderlapp, Köln.
Weihbischof Puff, Köln.
Generalvikar Feldhoff, Köln.
Generalvikar Motzenbäcker, Speyer.
Kardinal Volk, Mainz.
Kardinal Lehmann, Mainz.
Erzbischof Josef Ratzinger, München.
Kirchenrichter Wolf, München.
Erzbischof Robert Zollitsch, Freiburg.
Erzbischof Heße, Köln, Hamburg.
Erzbischof Koch, Berlin.
Bischof Mussinghoff, Aachen.
Bischof Brems, Eichstätt.
Generalvikar Pfeiffer, Eichstätt.
Bischof Gerhard Ludwig Müller, Regensburg.
Erzbischof Philippe Barbarin, Lyon.
Kardinal Karol Wojtyla, Krakau.
Kardinal Dziwisz, Polen.
Erzbischof Glodz, Danzig, Polen.
Bischof Janiak, Kalisz, Polen.

Synodaler Weg

>>> Diese Geistlichen, die sich Hirten und Seelsorger des Kirchenvolkes nennen, haben das Vertrauen der Menschen in die moralische Autorität der katholischen Kirche zerstört. Wenn eine solche Anzahl hochrangiger Würdenträger Vertuschung betreibt, muss man von der Verantwortung des Systems Römisch-Katholische Kirche sprechen, zu dem diese hochrangigen, geweihten Männer gehören.

Was sagt die Bibel zum Umgang mit den Übeltätern dazu?
(1 Korinther 5, 11-13):„Habt nichts zu schaffen mit einem, der sich Bruder nennt und dennoch Unzucht treibt (...) mit einem solchen Menschen sollt ihr auch keine Tischgemeinschaft haben. (...) Habt ihr nicht die zu richten, die zu euch gehören? (...) Schafft den Übeltäter weg aus eurer Mitte!"

Und wie verhält es sich mit der Beichte der Sünder? Im „Kleinen Katechismus des katholischen Glaubens" lesen wir: „Der Sünder bekennt reumütig seine Sünden und der Priester gibt ihm die Lossprechung (Absolution). Dieses Bußsakrament tilgt ALLE Sünden und die ewigen Strafen." Das ist sehr schön für den Sünder. Dieser Glaube und das Beichtgeheimnis sind die Gründe dafür, dass die Täter nicht dem Staat zur Bestrafung übergeben werden. Ein markantes Beispiel hierfür ist der Fall des amerikanischen Priesters Lawrence Murphy. Die Kirche wusste seit 1963 von seinen Verbrechen gegenüber ihm anvertrauten Kindern. Sie unternahm aber nichts gegen ihn oder für die Kinder, und so konnte Lawrence Murphy 1968 in der „Würde" seines Priesteramtes sterben. („Stuttgarter Zeitung" vom 22.10.2013).

Am 14.1.2021 wurde folgende dpa-Meldung veröffentlicht:
Die irische Regierung hat sich für den Tod Tausender Babys und Kinder in Mutter-Kind-Heimen entschuldigt. „Der Staat hat Sie, Mütter und Kinder in diesen Heimen, im Stich gelassen", sagte Ministerpräsident Michael Martin im Parlament in Dublin. Es sei zutiefst beunruhigend, dass den Behörden die hohen Kindersterblichkeitsraten in den Heimen bekannt waren, es jedoch kaum Hinweise auf staatliche Eingriffe gebe. Die Frauen seien systematisch diskriminiert worden.

Frauen seien für außereheliche Schwangerschaften stigmatisiert worden, selbst wenn diese das Ergebnis einer Vergewaltigung waren. Der Bericht über die Zustände in Heimen für unverheiratete Mütter zwischen 1922 und 1998 wirft ein Schlaglicht auf die katholisch geprägte Gesellschaft Irlands im 20. Jahrhundert. Etwa 9000 Kinder starben in Heimen, die von der Regierung kontrolliert und von religiösen Organisationen, oft von der katholischen Kirche, geleitet wurden.

Im Mai 2021 wurden Hunderte Kinderleichen auf dem Gelände eines Kinderheims in Kamloops im Westen Kanadas gefunden. Den Frauen der indigenen Ureinwohner, den sogenannten First Nations, wurden die Kinder weggenommen und zur Umerziehung und Christianisierung in staatliche Heime gesteckt, die zumeist von den Kirchen betrieben wurden. Die Eltern wurden über den Verbleib ihrer Kinder nicht informiert und konnten keinen Kontakt zu ihnen aufnehmen. Todesursachen wurden nicht dokumentiert. Premierminister Trudeau zeigte sich erschüttert und beschämt, dass der Staat seiner Fürsorgepflicht nicht nachgekommen war. Papst Franziskus hat 2022 auf seiner Reise nach Kanada die indigenen Völker um Entschuldigung gebeten.

Der TV-Sender Arte bringt am 28.2.23 folgende Dokumentation: Kinderraub, ein dunkles Kapitel der katholischen Kirche. Nach Schätzungen verschwanden während und nach der Franco-Diktatur in spanischen Geburtskliniken an die 300.000 Babys, die an kinderlose Ehepaare verkauft wurden. Nicht nur Ärzte und Anwälte, auch die katholische Kirche war darin verwickelt.

Im Herbst 2022 verklagte ein Missbrauchsopfer den emeritierten Papst Benedikt XVI. Der Kläger will gerichtlich feststellen lassen, dass der damalige Erzbischof von München und Freising, Joseph Ratzinger, und andere Kleriker Unrecht wider besseres Wissen nicht verhindert haben. Im Januar 2023 wird bekannt, dass das Bistum sich nicht auf Verjährung berufen, sondern sich dem Prozess stellen wird. Im Februar erscheint die Staatsanwaltschaft mit einem Durchsuchungsbefehl beim Erzbistum. Als ersten Termin für die mündliche Verhandlung hat das Gericht den 28. März 2023 festgesetzt.

Synodaler Weg

Reformversuche und Widerstand

Im Frühjahr 2019 beschlossen die deutschen katholischen Bischöfe, den Reformprozess „Synodaler Weg" einzuleiten. Der Vatikan meldete sich sofort mit Kritik und der Warnung vor Alleingängen. Einige deutsche Bischöfe meldeten ebenfalls Vorbehalte an, darunter der Regensburger Bischof Voderholzer. Er äußerte den Verdacht, bei diesem Prozess handele es sich um die „Instrumentalisierung des Missbrauchs". Die Mitwirkung von Laien wurde ebenfalls kritisiert, aber Kardinal Marx verteidigte dies mit dem Satz: „Die Kirche ist nicht für sich selber da".

Die Synodalversammlung ist das oberste Organ beim „Synodalen Weg". Sie setzt sich zusammen aus 230 Bischöfen, Laien und Vertretern der Berufe in der katholischen Kirche. Bischöfe und Laien wollen vier Themen diskutieren: den Umgang der Kirche mit Macht, die kirchliche Sexualmoral, die Ehelosigkeit von Priestern und die Rolle der Frauen in der Kirche. Ende 2021 sollen konkrete Schritte folgen, dann wird sich zeigen, ob der „Synodale Weg" eine Sackgasse bzw. ein Holzweg ist.

Anfang 2020 wählte die Bischofskonferenz einen neuen Vorsitzenden, da Kardinal Marx sein Amt aufgegeben hatte. Die konservativen Bischöfe, z.B. Woelki und Voderholzer, konnten dabei nicht verhindern, dass der liberale Limburger Bischof Bätzing gewählt wurde. Im Februar 2021 wurde passend dazu zum erstenmal eine Frau und Laientheologin zur Generalsekretärin der Bischofskonferenz gewählt.

Kardinal Marx forderte in seiner Pfingstpredigt Mai 2021 von seiner Kirche mehr Mut zur Erneuerung. Wenn die Kirche erkenne: „das, was wir mitgeschleppt haben aus der Geschichte (...) ist jetzt hinderlich für das, was notwendig ist, dann kann auch manches verschwinden." (dpa). Im Juni 2021 bot Kardinal Marx dem Papst seinen Rücktritt an. Er wollte damit ein Zeichen setzen und Verantwortung übernehmen für seine Mitschuld an Missbrauch und Vertuschung. Papst Franziskus hat das Rücktrittsgesuch bisher nicht angenommen.

Synodaler Weg

Die Macht der Kirche

Bilder aus dem Vatikan vermitteln eine gewaltige Macht- und Prachtentfaltung wie bei Kaisern und Königen. Hunderte von Bischöfen, Kardinälen, Priestern u.a. sitzen und stehen im Petersdom, der Papst sitzt auf einem Thron. Schon anlässlich des Konzils zu Konstanz (1414-1418) waren dort 33 Kardinäle, 900 Bischöfe und 2000 Doktoren versammelt. 1415 wurde hier der katholische Reformator Jan Hus wegen Ungehorsam gegenüber Papst und Kirche zum Tod auf dem Scheiterhaufen verurteilt und hingerichtet. Der Machtanspruch der katholischen Kirche wurde und wird bei solchen Konzilen und anderen Gelegenheiten deutlich sichtbar demonstriert. Jesus dagegen wollte keine Macht und Pracht, er wollte den Menschen helfen durch Worte und Taten.

Die römisch-katholische Kirche ist gegründet auf der Macht der Kirche über die Menschen. Schon im Mittelalter hat die Kirche stets versucht, ihre Macht zu festigen und durchzusetzen. Selbst Könige und Kaiser mussten sich diesem Machtanspruch beugen. Die römisch-katholische Kirche verlangt von den Menschen, sich ihr auszuliefern und stets gehorsam zu sein, sie definiert Dogmen, die geglaubt werden müssen, und zwingt den Menschen diesen Glauben auf.

Indem die Kirche sich dazu noch selbst als „heilig" einstuft, setzt sie sich über die Menschen und will unangreifbare Autorität sein. Als Belohnung wird den Gläubigen versprochen, auf dem einzig richtigen Weg ins Paradies zu sein. Wie der Esel hinter der Mohrrübe, die ihm vorgehalten wird, folgen die Gläubigen den Versprechungen der Kirche. Für einen gottesfürchtigen und gläubigen Menschen ist aber die Kirche garnicht notwendig. Die Kirche ist ohne Gläubige gar nichts, der gläubige Mensch aber bleibt immer das Geschöpf Gottes, er ist ausgestattet mit Vernunft und Gewissen und Empfänger der Gnade Gottes.

Die katholische Kirche weiß, wie abhängig sie von einer möglichst großen Zahl von sich unterwerfenden Gläubigen ist. Deshalb wurden stets die verfolgt, die sich nicht unterwerfen wollten.

Synodaler Weg

Das begann mit der Bekehrung sogenannter Heiden und setzte sich fort mit dem Kreuzzug gegen die friedlichen, christlichen Katharer, Albingenser und Waldenser, der Verfolgung der Anhänger der Reformatoren John Wiclif, Jan Hus, Martin Luther, Johannes Calvin, der grausamen Ermordung französischer Protestanten in der Bartholomäusnacht 1572, der Verfolgung der Hugenotten in Frankreich im 17. Jahrhundert und der gewaltsamen Gegenreformation in Europa im 18. Jahrhundert.

Heute wird nicht verfolgt und gemordet, sondern anders bestraft: durch Nicht-Anerkennung der neuen Ehe von Geschiedenen, durch die Nicht-Zulassung zur Eucharistie, durch die Aussage, wer die katholische Kirche verlässt, sei auf ewig verdammt; auch durch die Diffamierung der protestantischen Kirche als „gottesfeindliche Ideologie" (siehe Rundbrief der katholischen Priesterbruderschaft St. Petrus, Stuttgart April 2012). Wo die Religionen Unterwerfung fordern und der Mensch nicht frei glauben darf herrscht Feindschaft, z.B. in Israel zwischen Liberalen und Strenggläubigen, im Nahen Osten zwischen Christen, Juden, Muslimen, zwischen Schiiten und Sunniten, in manchen christlichen Ländern zwischen Protestanten und Katholiken, z.B. in Nord-Irland.

Päpste nahmen sich in der Vergangenheit das Recht, Eide für ungültig zu erklären, wenn es ihnen so besser in ihre Pläne passte. War dem Papst ein Fürst nicht folgsam genug, so entband er durch diese Ungültigkeitserklärung die Ritterschaft des Fürsten von ihren Treue-Eiden. Der Fürst musste klein beigeben und sich dem Papst fügen, denn ohne seine Gefolgschaft war er machtlos. (z.B. Canossa). Dazu gehört, dass der Papst sich „Heiliger Vater" nennen lässt. An Ostern 2010, anlässlich des päpstlichen Festgottesdienstes auf dem Petersplatz, nannte Kardinal Soldano den Papst Benedikt XVI. sogar „Heiliger Vater, süßer Christus auf Erden...". („Stuttgarter Zeitung" 13.3.2013). Auch dieses ist Ausdruck des Machtstrebens der Kirche, denn natürlich steht ein „Heiliger" oder ein „Christus" über allen anderen Menschen. Kardinal Soldano gab Benedikt XVI. auch den „guten" Rat, nicht auf Meldungen von Missbrauch zu achten, denn das sei nur Geschwätz.

Jesus aber sagt: „Auch sollt ihr niemanden auf Erden euren Vater nennen; denn nur einer ist euer Vater, der im Himmel. Auch sollt ihr euch nicht Lehrer nennen lassen; denn nur einer ist euer Lehrer, Christus." (Matth. 23, 9-10)

Die römisch-katholische Kirche erklärt den Menschen, sie habe von Jesus persönlich die Macht übertragen bekommen auf Erden zu binden oder zu lösen, d.h. den Menschen Sünden zu vergeben oder sie zu bestrafen. Die katholische Bibel berichtet, Jesus habe diese Macht an Petrus übertragen mit den Worten: „Du bist Petrus und auf diesen Felsen werde ich meine Kirche bauen." (Matth. 16, 18). Den Begriff „Kirche" aber gab es zu Jesus Zeiten noch garnicht, es gab Tempel und Synagogen. Die katholische Bibel aber verwendet den Begriff „Kirche", um zu suggerieren, es handelte sich schon damals um die römisch-katholische Kirche. Die evangelische Bibel dagegen verwendet hier das richtige Wort „Gemeinde" bzw. „Gemeinschaft".

Jesus gab den Aposteln die Macht, unreine Geister auszutreiben und Krankheiten und Leiden zu heilen. (Matth. 10, 1.). Er beauftragte sie: „heilt Kranke, weckt Tote auf, macht Aussätzige rein, treibt Dämonen aus!" (Matth. 10, 8). Außerdem gab er ihnen die Fähigkeit, in neuen Sprachen zu reden und, ohne Schaden zu nehmen, Schlangen anzufassen und tödliches Gift zu trinken. (Markus 16, 17-18).

Durch die „Apostolische Sukzession" soll die Macht durch Handauflegung von Jesus über Petrus und die Apostel in ununterbrochener Reihe bis zum heutigen Papst und den Bischöfen weitergegeben worden sein. Wenn man bedenkt, dass es unter den Päpsten und Bischöfen viele Verbrecher gab, ist diese Behauptung sehr unglaubwürdig. Die Kirche besteht natürlich auf der „ununterbrochenen Weitergabe", da sie sonst zugeben müsste, dass sie diese Macht garnicht hat. Wenn die „Apostolische Sukzession" wahr wäre, müsste diese Macht bei den Nachfolgern der Apostel, d.h. bei den Bischöfen, angekommen sein. Kann denn z.B. der Bischof von Regensburg unreine Geister austreiben, Krankheiten heilen und Gift trinken? Nein, dass kann Herr Voderholzer nicht.

Ein weiteres Fundament der Macht ist die „Wandlung" der Hostie durch den Priester. Die Kirche fordert zu glauben, dass der Priester die Macht hat, ein Gebäck (die Hostie) in GOTT, den allmächtigen Schöpfer des Himmels und der Erde zu verwandeln, zu jeder Zeit und an jedem Ort der Erde. Jeder Mensch kann zum sternenübersäten Nachthimmel schauen, das unendliche Universum erahnen, berührt und zutiefst beeindruckt sein von der unglaublichen Majestät dieser Wirklichkeit. Wie kann die Kirche behaupten, jeder geweihte Priester, also z.B. auch ein Kindesmissbraucher oder ein missbrauchvertuschender Bischof, sei in der Lage, den allmächtigen GOTT in dieses Gebäck zu bringen? Wie kann man das glauben?

Gott sagt im Alten Testament eindeutig (Exodus 20, 4-5):
„Du sollst dir kein Kultbild machen und keine Gestalt von irgendetwas am Himmel droben, auf der Erde unten oder im Wasser unter der Erde. Du sollst dich nicht vor ihnen niederwerfen und ihnen nicht dienen". Genau das aber verlangt die katholische Kirche von ihren Gläubigen: sie sollen das von Menschenhand geschaffene Gebäck, die Hostie, als „das Allerheiligste" anbeten und vor ihm niederknien, entgegen diesem „offenbarten Wort Gottes". Dazu passt auch dieses Wort (Exodus 20, 7): „Du sollst den Namen des Herrn, deines Gottes, nicht missbrauchen".

Die katholische Kirche muss, um zu überleben, die größtmögliche Autorität für ihre Priester erreichen. Nach ihrer Lehre hat der Priester eine besondere Verbindung zu Gott und daher eine besondere Autorität. Die Priester an der Schnittstelle zwischen Laien und Klerikern sind die wichtigsten Personen wenn es darum geht, die Gläubigen in der Kirche zu halten. Eine Folge dieser Aufwertung der Priester ist die von den Gläubigen geforderte Demut. Diese zeigt sich in der Anrede „Hochwürden" und noch im frühen 20. Jahrhundert im Niederknien und Küssen des Ringes des Priesters oder Bischofs. 1845 musste der bayerische König Ludwig I. seinen Kniebeuge-Erlass zurücknehmen, mit dem er seine protestantischen Soldaten verpflichten wollte, bei Fronleichnamsprozessionen vor dem sogenannten „Allerheiligsten" niederzuknien.

Eine verhängnisvolle Folge der erzwungenen oder anerzogenen Demut ist die Hilflosigkeit und das Ausgeliefertsein der katholischen Jugendlichen, wenn sich ein Priester an ihnen sexuell vergreift und sie nach Androhung höllischer Strafen gehorsam schweigen müssen.

Ein anderes Fundament der Macht der katholischen Kirche ist die „Heilige Schrift", die von ihr als „die göttliche Offenbarung" bezeichnet wird. In ihrer Frühzeit hatte es die Kirche mit Menschen zu tun, die weder lesen noch schreiben konnten und ein Bildungsniveau von Null hatten. Heute hat die Kirche mit Menschen zu tun, die lesen und schreiben können, die zum selbständigen Denken erzogen werden, die ein hohes Bildungsniveau aufweisen. Obwohl diese Menschen die Bibel selbst lesen und sich kritisch mit dem Inhalt auseinandersetzen können, erzählt die Kirche immer noch ihre Geschichten, die z.T. im Widerspruch zur eigenen Bibel stehen, und fordert, diese zu glauben. Neben der Bibel sind die „Heilige Überlieferung" (die Traditionen der Kirche) sowie die Aussagen des Lehramtes, des Papstes, ein Fundament der Macht.

Die Kirche hat, betriebswirtschaftlich gesehen, ein Geschäftsmodell entwickelt, bei dem sie ihren Kunden Produkte „verkauft" bzw. vermittelt, die der Mensch mit seinen Sinnen nicht wahrnehmen kann. Die Kirche weckt einen Bedarf für ihre Produkte, indem sie Probleme erfindet (Erbsünde und verschiedene andere Arten von Sünden) und dazu Lösungen anbietet (Taufe, Beichte, Buße, Ablass, Freisprechung). Der Mensch soll glauben, die Problemlösung sei erfolgt bzw. wird noch erfolgen. Er soll glauben, dass es viele Arten von Wesen zwischen Himmel, Erde und Hölle gibt Er soll glauben, dass er seit seiner Geburt ein sündiger Mensch ist. Er soll glauben, dass es Dämonen, Fegefeuer, Hölle und Teufel gibt. All dieses soll bzw. muss er glauben, weiß aber nicht, ob die Kleriker selbst glauben, was sie von ihm fordern. Wenn er schließlich Glaubender geworden ist, muss er tun, was die Kirche von ihm verlangt. Nach seinem Tod kann der „Kunde" sich nicht mehr beschweren, falls sich die Zusagen doch als falsch herausstellen sollten. Das ermöglicht Machtmissbrauch und die Manipulation der Menschen.

Jesus meinte dazu: (Matth. 23, 1-7): „Darauf sprach Jesus zum Volk und zu seinen Jüngern und sagte: Auf dem Stuhl des Mose sitzen die Schriftgelehrten und die Pharisäer. Tut und befolgt also alles, was sie euch sagen, aber richtet euch nicht nach ihren Taten; denn sie reden nur, tun es aber nicht. Sie schnüren schwere und unerträgliche Lasten zusammen und legen sie den Menschen auf die Schultern, selber aber wollen sie keinen Finger rühren, um die Lasten zu bewegen. Alles, was sie tun, tun sie, um von den Menschen gesehen zu werden (…) sie lieben den Ehrenplatz bei den Gastmählern und die Ehrensitze in den Synagogen und wenn man sie auf den Marktplätzen grüßt und die Leute sie Rabbi nennen."

Falls doch einmal dieses Gebilde zusammenstürzen würde, könnte sich vielleicht eine Kirche herausbilden die alles das hat was wirklich christlich ist. Eine Kirche, die für die Menschen da ist, die sich konzentriert auf die Auslegung von Bibel und Evangelien; eine Kirche ohne Prunk und Pomp, ohne „Alleinseligmachend"–Anspruch gegenüber anderen Religionsgemeinschaften, ohne die Verehrung von Reliquien, Heiligen, Seligen, ohne „Heiligen Vater". Diese Kirche wäre die allgemeine, christliche Kirche, nach der sich wohl viele Menschen sehnen.

Sexualmoral und Zölibat.

Das Museum der Erzdiözese München und Freising eröffnete am 4. März 2023 die ungewöhnliche Ausstellung „Verdammte Lust. Kirche, Körper, Kunst". Kardinal Marx hatte die Idee zu dieser Ausstellung mit Werken von Dürer, Cranach, Michelangelo, Leonardo da Vinci u.a. Der Kardinal schreibt dazu im Ausstellungskatalog: „Die Diskussion um den sexuellen Missbrauch (…) hat eine entscheidende Grundproblematik offengelegt, nämlich die oft sehr belastete Beziehung vieler Menschen in unserer Kirche zu Körperlichkeit und Sexualität. In Theologie, Predigt und pastoraler Praxis wurde in der Vergangenheit oft ein sehr negatives Bild menschlicher Sexualität gezeichnet, sie mit Schuld und Sühne beschwert, was zu Verdrängung und Doppelmoral geführt hat".

Die Ausstellung zeigt diese Doppelmoral an ca. 150 Kunstwerken des Erzbistums, von der Antike bis ins 19. Jh. „Hier werden Männerphantasien ins Bild gesetzt" sagt Museumsdirektor Kürzeder, „diese Kunst ist männlich geprägt".
>>> Es ist eigentlich sehr verständlich, dass Menschen, die sich selbst etwas nicht gönnen (Sexualität) oder nicht gönnen dürfen (Zölibat), dieses bei anderen Menschen schlecht machen, weil sie es ihnen darum erst recht nicht gönnen.

Die katholische Kirche hält es für ihre Angelegenheit und ihr Recht, sich ausgiebig zum sexuellen Verhalten ihrer Gläubigen zu äußern, ihnen Vorschriften zu machen und sie bei Verstössen gegen diese Vorschriften zu bestrafen. Im Buch von Heinrich Denzinger („Kompendium der Glaubensbekenntnisse und kirchlichen Lehrentscheidungen..." 1999) heißt es zum Beispiel zur Anfrage einer kirchlichen Stelle: „ ist (...) der unvollendete Gebrauch der Ehe, ob er nun auf onanistische oder kondomistische Weise (...) geschieht, (...) erlaubt"? Antwort aus Rom: „Nein, er ist nämlich in sich böse."
>>> Was für ein Unsinn!

Gott hat den Menschen die Sexualität geschenkt, damit sie Nachkommen zeugen, aber auch, damit sie sich an der Sexualität erfreuen können. Das Erfreuen ist ja gerade der Unterschied zu den Lebewesen der Erde, die sich ausschließlich der Fortpflanzung wegen sexuell betätigen, z.B. die Tiere. Warum verlangt also die katholische Kirche, dass sich ihre Gläubigen bezüglich ihrer Sexualität wie die Tiere verhalten sollen?

Der Zölibat und die frauliche Kleidung der katholischen Kleriker ziehen offensichtlich homosexuelle Männer besonders an. Schätzungen gehen davon aus, dass ca. 30 Prozent der Kleriker homosexuell veranlagt sind. Auch im Vatikan gibt es sicher homosexueller Männer. Trotzdem wertet die Kirche die Homosexualität als „schwere Sünde" und gibt 2005 unter Papst Benedikt XVI. eine Instruktion heraus die es verbietet, Homosexuelle zum Priesteramt zuzulassen. >>> Ist das nicht Heuchelei?

Synodaler Weg

Der Apostel Paulus schreibt in seinen Briefen:
1 Timoth. 3, 2-4: „Deshalb soll der Bischof untadelig, Mann einer einzigen Frau, (…) sein. Er muß seinem eigenen Haus gut vorstehen, seine Kinder in Gehorsam und allem Anstand erziehen."
1 Timoth. 3, 12: „Diakone sollen Männer einer einzigen Frau sein und ihren Kindern und ihrem eigenen Haus gut vorstehen."

Jesus und der Apostel Paulus waren nicht für den Zölibat. Paulus schreibt, ein Bischof solle sich eine Frau nehmen und heiraten, die heutigen Bischöfe dagegen haben keine Frau, dafür aber den Zölibat. Die Priesterbruderschaft St. Petrus schreibt, die priesterliche Lebensform sei Ausdruck der bedingungslosen Hingabe an Christus und seine Braut, die Kirche. Papst Franziskus sieht den Zölibat sogar als „Geschenk für die Kirche". Warum sollen Priester eigentlich nicht heiraten? Eine Verheiratung, eine Ehe und Kinder, würde sie aus kirchlicher Sicht auf die Stufe gewöhnlicher Menschen herabsetzen. Sie hätten in einer Familie keine herausgehobene Autorität mehr, sie müssten sich schon dort den Fragen und Zweifeln ihrer Frau und ihrer Kinder stellen und würden selbst beginnen zu zweifeln. Davor fürchtet sich die Kirche.

Die Segnung homosexueller Paare wurde vom Vatikan verboten mit dem Argument, Homosexualität entspreche nicht dem „göttlichen Willen" und man habe keine Vollmacht diese Paare zu segnen. Segnungen menschlicher Beziehungen seien nur möglich, wenn damit den Plänen Gottes gedient sei. Der Regensburger Bischof hat sich als erster deutscher Bischof beim Papst für dieses Verbot bedankt, der Passauer Bischof folgte ihm unmittelbar darauf. Aber: Am Sonntag 9. Mai 2021 wurden in München in einem historischen, katholischen Gottesdienst trotz des Verbots mehrere gleichgeschlechtliche Paare gesegnet. Der Gottesdienst war Teil einer deutschlandweiten Aktion unter dem Motto „Liebe gewinnt". Der zuständige Pfarrer sagte dazu: „Wir segnen Paare die sich lieben, egal welcher Sexualität."

Segnen bedeutet doch, Gott um seinen Segen zu bitten, und das kann jeder Mensch tun, dafür ist kein Priester notwendig.

Synodaler Weg

Gott entscheidet danach selbst, wem und wann er seinen Segen geben wird. Die katholischen Gläubigen aber haben sich daran gewöhnt und akzeptiert, dass nur ein Priester segnet, zum Beispiel: Menschen, Tiere, Autos, Gebäude, Boote, Fahrräder, usw. Die katholische Kirche unterstützt diesen Wunsch ihrer Gläubigen und segnet daher möglichst viel. Der Gläubige soll glauben, ohne den kirchlichen Segen geht es garnicht.

Im Januar 2022 outeten sich 125 queere Beschäftigte der katholischen Kirche und protestierten gegen Diskriminierung am Arbeitsplatz. Ihre Aktion „Out-in-church" fand große Resonanz in der Öffentlichkeit. Zehn Generalvikare aus deutschen Bistümern haben sich darauf im Februar dafür ausgesprochen, das kirchliche Arbeitsrecht so zu ändern, dass kein kirchlicher Mitarbeiter Sanktionen wegen seiner privaten Lebensführung befürchten muß. Im März 2022 feierte Kardinal Marx einen Queer-Gottesdienst. In einigen katholischen Bistümern gibt es mittlerweile das sogenannte „Regenbogenpastoral", d.h. Pfarrer, die sich um queere Personen kümmern: Homosexuelle, Lesben, Transvestiten u.a. Der frühere Benediktinermönch Anselm Bilgri heiratete im Oktober 2022 seinen Mann Markus in einer Kirche der Altkatholiken.

Katholische Priester sehen sich als gute Berater. Die Priesterbruderschaft St. Petrus schreibt in ihrem Informationsblatt 04/2021 folgendes: „Eheseminar: Dieser Kurs richtet sich an alle, die das Geheimnis der ehelichen Liebe tiefer ergründen und sich für die Herausforderungen der verschiedenen Phasen einer Ehe wappnen wollen. Wir stellen uns den Fragen nach der Liebe, nach guter Kommunikation und edler Streitkultur, und wir berühren sehr konkrete Aspekte des ehelichen Miteinanders".
>>> Es wäre doch viel ehrlicher von der Priesterbruderschaft, sich nicht als Berater und Lehrer darzustellen, sondern einzugestehen, dass man von der Ehe und ehelicher Liebe wenig Ahnung hat.

Synodaler Weg

Frauen in der Kirche

Die Rolle der Frauen in der christlichen Kirche wurde vom Apostel Paulus klar definiert und bis in die Gegenwart weitgehend von der katholischen Kirche übernommen. Paulus verbietet den Frauen das Predigen, „sie sollen schweigen in der Versammlung, sie sollen dienen, der Mann ist das Haupt der Frau, die Frauen sollen sich in allem den Männern unterordnen. Eine Frau soll sich still und in voller Unterordnung belehren lassen. Dass eine Frau lehrt, erlaube ich nicht". (1 Korinther 14, 34-35; Epheser 5, 21-24; 1 Timoth. 2, 11-12).

Was Paulus hier sagt, ist seine persönliche, der damaligen Zeit gemäße Meinung. Aber heute sind andere Verhaltensweisen notwendig, trotzdem orientiert sich die katholische Kirche in vielen Fragen heute immer noch an seiner Meinung, die der damaligen Zeit angepasst war! Ist eigentlich alles was Paulus gesagt hat, „göttliche Offenbarung"? Sicher nicht, Jesus jedenfalls hat Frauen nicht diskriminiert.

Die katholische Kirche verweigert Frauen die Priesterweihe mit dem Argument, man habe keine Vollmacht dafür. Papst Johannes Paul II. hat am 22. Mai 1994 das Priesteramt für Frauen endgültig ausgeschlossen mit den Worten: „...erkläre ich kraft meines Amtes, dass die Kirche keinerlei Vollmacht hat, Frauen die Priesterweihe zu spenden, und dass sich alle Gläubigen der Kirche endgültig an diese Entscheidung zu halten haben". Im Juni 2021 wird dies von Papst Franziskus noch einmal bestätigt: „Jeder, der einer Frau die heilige Weihe zu spenden versucht, wie auch die Frau, welche die heilige Weihe zu empfangen versucht, zieht sich die dem Apostolischen Stuhl vorbehaltene Exkommunikation als Tatstrafe zu. Ein Kleriker kann darüber hinaus mit der Entlassung aus dem Klerikerstand bestraft werden."

Gemessen an dieser Strafe ist es also ebenso schlimm ein Kind zu missbrauchen wie eine Frau zu weihen. Das ist doch sehr unmoralisch!

Synodaler Weg

In der Schrift „Heilige Berufung" der Priesterbruderschaft St. Petrus wird dazu erläutert: „… das Mann-Sein gehört wesentlich zur Zeichenhaftigkeit dieses Sakramentes. Als Mann hat der Priester die erforderliche natürliche Eignung, Christus sowohl als Mann als auch als Haupt zu repräsentieren". Warum muß der Priester Christus repräsentieren? Hat Jesus das verlangt? Warum kann er (oder sie) nicht einfach Pfarrer sein? Jesus hat zwar keine Vollmacht dafür gegeben, Frauen zu Priesterinnen zu weihen, er hat es aber auch nicht abgelehnt. Wenn die katholische Kirche meint nur das tun zu dürfen, was Jesus explizit erlaubt hat, dann dürfte sie z.B. keine unbeschnittenen Männer zu Priestern und Bischöfen machen, denn dafür hat die katholische Kirche ebenfalls keine Vollmacht. Jesus und seine Apostel waren beschnitten.

Das Bild der katholischen Kirche von Maria sieht folgendermaßen aus: Maria ist demütig, unterwürfig, brav, gehorsam, hilfsbereit und sie wird als Heilige verehrt. Frauen in der katholischen Kirche sollen möglichst wie Maria sein. 2019 wurde die feministische Reformbewegung Maria 2.0 gegründet. Ziel der Bewegung ist es, „eine menschlichere Kirche" zu machen, gemeinsam mit Männern und Frauen. Die Meldung, dass sich die römische Kongregation für die Glaubenslehre mit dieser Bewegung befassen wird, bedeutet den „Ritterschlag", d.h. sie werden ernst genommen und die Kirche macht sich Sorgen um diese neue Bewegung. Das Frauenbild von Maria 2.0 ist anders: Frauen sind mutig und eigenständig. Nach dem Beispiel Martin Luthers hat Maria 2.0 im Februar 2021 an vielen Orten in Deutschland ihre Thesen an den Kirchentüren angebracht.

Ebenfalls im Februar 2021 wählte die Deutsche Bischofskonferenz zum erstenmal in ihrer Geschichte eine Frau zur Generalsekretärin. Im April sprach sich der Augsburger Bischof für ein katholisches Diakonat für Frauen aus. (dpa). Der Katholische Frauenbund feierte am 29.4.2021 den Tag der Diakonin. Interessierte waren eingeladen, z.B. in der Kirche St. Konrad (Regensburg) für die Weihe von Frauen zu beten. („Mittelbayerische").

Synodaler Weg

dpa-Meldung: Zum Tag der Apostelin Junia am 17.5.21 organisierte die Katholische Frauengemeinschaft Deutschlands (kfd) zum zweitenmal einen bundesweiten Predigerinnentag. Zwölf Frauen, darunter einige Gemeindereferentinnen, predigten an zwölf Orten im gesamten Bundesgebiet. Der Katholische Deutsche Frauenbund (KDFB) mit 160.000 Mitgliedern, davon allein 53.000 im Bistum Regensburg, kämpft für mehr Wertschätzung und Mitsprache, z.B. bei Bischofsernennungen.

Die Tübinger Theologie-Professorin J. Rahner hielt einen Vortrag über Diskriminierung von Frauen in der katholischen Kirche und sagte: „Wer daran nichts ändern will, ist nichts anderes als ein Rassist." Der Bischof von Passau meinte darauf, man müsse prüfen, ob die 350 Professoren für katholische Theologie in Deutschland in voller Übereinstimmung mit dem Papst die offizielle Lehre der katholischen Kirche vertreten.
Das muss man wohl als Drohung verstehen!

Widerstand gegen Reformen.

Immer wieder wird die katholische Kirche von ihren eigenen Gläubigen aufgefordert, Reformen durchzuführen. Auch die Reformatoren der Vergangenheit, die sogenannten Ketzer, waren Katholiken, leider erfolglose. Der Wunsch nach Reformen wird sich nicht erfüllen, denn dazu müsste die katholische Kirche viele ihrer Dogmen und sogenannte „Wahrheiten" aufgeben. Sie müsste eingestehen, dass sie NICHT unfehlbar ist und NICHT vom Heiligen Geist geleitet wird. Das aber ist der heutigen Kirche nicht möglich. Das ganze System zur Beherrschung der Menschen, aufgebaut in 2000 Jahren, würde in sich zusammenbrechen. Dieses System besteht aus sehr vielen Bausteinen, z.B. den drei Arten von Sünden: lässliche, schwere und Todsünden, den dazu gehörenden Strafen, Ablässen, Gnadenbeweisen, die Pflicht am Gottesdienst teilzunehmen, die Pflicht, mehrmals am Tag zu beten, die Pflicht, zur Beichte und zur Eucharistie zu gehen.

Synodaler Weg

Weitere wichtige Bausteine sind die fünf von der Kirche selbst (nicht von Jesus) geschaffenen und definierten Sakramente: Firmung, Beichte/Buße, Ehe, Krankensalbung, Priesterweihe. Dazu gibt es noch Hunderte von Heiligen, Seligen, Reliquien, Wallfahrtsorte, Monstranzen, Hostien, Tabernakel, usw., usw. Zu allen Bausteinen gibt es Dogmen, Glaubenssätze, die geglaubt werden müssen und nicht diskutiert werden dürfen. Der Klebstoff, der dieses ganze Gebilde zusammenhält, ist die Behauptung von 1870, die katholische Kirche werde vom Heiligen Geist geleitet und sei dadurch unfehlbar.

Das System „Katholische Kirche" erinnert in mancher Hinsicht an das diktatorische System der DDR. Es herrscht keine Demokratie, sondern die Diktatur des Papstes und einiger Kardinäle. Diese wählen von Zeit zu Zeit einen der Ihren zu einem ihnen genehmen Papst. Es gibt keinerlei Transparenz. Jede Kritik, jeder Wunsch nach Reformen wird mit Hinweis auf bestehende Dogmen abgewürgt.

Wie soll auch ein Papst, der von sich behauptet, er sei unfehlbar und der Heilige Geist leite ihn, wie soll er jahrhundertealte Dogmen ändern und damit als Irrtum bloßstellen? Ähnlichkeiten zur DDR sind offensichtlich, dort hieß es: „die Partei hat immer recht." Das System der katholischen Kirche ist ebenso wie das DDR-System nicht reformwillig und nicht reformfähig. Die einzige Methode, Änderungen zu erreichen, ist die von den DDR-Bewohnern gezeigte Methode: Sie haben ihre Angst vor dem System überwunden, als sie bemerkten, dass es sehr viele gleichgesinnte Menschen gab, die nicht mehr in diesem System leben wollten, und haben daraufhin das System verlassen.

Auch für die Mitglieder der katholischen Kirche, die sich nach Reformen sehnen, gibt es diese Möglichkeit, z.B. Mitglieder der protestantischen Kirchen zu werden. Hier bekommen sie alles, was sie sich von ihrer Kirche vergeblich wünschen: verheiratete Priester, Frauen in allen kirchlichen Ämtern, Abendmahl für Geschiedene und Wiederverheiratete. Was müssten die Menschen dafür aufgeben? Weltlichen Prunk, Dogmen, Rituale, Weihrauch, Weihwasser und Heuchelei.

Synodaler Weg

Eine weitere Möglichkeit ist natürlich, als freier gläubiger oder ungläubiger Mensch zu leben, ohne den vielseitigen, ständigen „Service" dieser Kirche.

Die konservative Priesterbruderschaft St. Petrus schreibt in ihrem Informationsblatt Febr. 2021 gegen den Synodalen Weg: „Der Hirte ist berufen, der Herde im Lichte des Glaubens (…) Orientierung zu geben und nicht sich an den verirrten Schafen zu orientieren". Und weiter schreibt das Blatt: „Wenn eines Tages eine Aufarbeitung der seit Jahrzehnten währenden Kirchenkrise erfolgt, wird man ebenso das Versagen etlicher Würdenträger hinsichtlich ihrer Pflicht, für den Erhalt des wahren Glaubens Sorge zu tragen und gegen Irrtümer zu schützen, kritisch unter die Lupe nehmen müssen".   Das klingt wie eine Drohung!

Gerhard Ludwig Kardinal Müller, ehemaliger Präfekt der römischen Glaubenskongregation und früherer Bischof von Regensburg, weiß ganz genau warum man nichts ändern kann. Er sagt: „…dass die Kirche von Jesus Christus eingesetzt und entworfen worden ist. Wir haben keine Vollmacht, diese Ordnung zu verändern". Diese Aussage des Kardinals ist falsch. Paulus hat die Gemeinden (nicht: „die Kirche") entworfen und geformt, aber nicht Jesus. Die Anweisungen, wie die Gemeinden leben und arbeiten sollen, kamen von Paulus, nicht von Jesus.

Mitte November 2022 kehrten die deutschen Bischöfe aus Rom zurück von ihrem Besuch beim Papst. Sie hatten dort den deutschen „Synodalen Weg" erklärt und ihre Vorstellungen, was in der katholischen Kirche verändert werden sollte. Papst Franziskus hatte schon zuvor gesagt, in Deutschland gäbe es schon eine gute evangelische Kirche, man brauche keine zweite. Drei Kurienkardinäle haben die Bischöfe noch einmal auf die Themen hingewiesen, die für die Kurie und den Papst nicht verhandelbar sind: Weihe von Frauen, Aufhebung des Pflichtzölibats, Beteiligung von Laien an der Bischofswahl. Die Präsidentin des ZdK (Zentralkomitee der deutschen Katholiken) empörte sich darüber, dass im Vatikan nur vom „sogenannten" Missbrauch gesprochen wurde. Sie bezeichnete dies zu Recht als Ungeheuerlichkeit.

Synodaler Weg

Nach ihrer Rückkehr wollen die Bischöfe nun zumindest das kirchliche Arbeitsrecht reformieren mit der Zusicherung, dass sich die Kirche in Zukunft nicht mehr mit den privaten Lebensumständen ihrer Mitarbeiter wie Scheidung, Wiederverheiratung usw., befassen will.

Die Bischöfe aus Regensburg (Voderholzer), Passau (Oster), Eichstätt (Hanke) und Augsburg (Meier) sind als konservativ und als Bremser des Synodalen Weges bekannt. Sie hoffen, dass Papst Franziskus den Reform-Prozess aufhalten wird. Zusammen mit Kardinal und Erzbischof Woelki aus Köln haben sie im Vatikan angefragt, ob sie beim Synodalen Weg und dem geplanten Synodalen Rat mitmachen müssen oder sollen. Von diesem Brief der fünf Bischöfe wusste keiner der übrigen deutschen Bischöfe etwas. Die erhoffte Antwort kam im Januar 2023: Die fünf Bischöfe müssen nicht mitmachen, könnten es aber, wenn sie es wollen.

Die „Mittelbayerische" am 3.3.2023: Die Reformdebatte (...) löst nach Einschätzung des Magdeburger Bischofs Gerhard Feige im Vatikan starke Ängste aus. In einem Interview mit dem Kölner domradio.de sagte er: „Ich habe den Eindruck, dass manche einen Synodalen Rat so fürchten wie der Teufel das Weihwasser". Der Vatikan-Botschafter, Erzbischof Eterovic, hatte auf der Vollversammlung der Deutschen Bischofskonferenz der Idee von Synodalen Räten erneut eine grundsätzliche Absage erteilt. Bischof Bätzing, Vorsitzender der Deutschen Bischofskonferenz, meinte dagegen, es gäbe lediglich ein Verständnisproblem mit dem Vatikan hinsichtlich Struktur und Aufgaben des geplanten Synodalen Rates.

Die „Mittelbayerische" am 7.3.2023: Die Deutsche Bischofskonferenz hat bei ihrer Vollversammlung in Dresden beschlossen, ein völlig neues Gremium, einen Expertenrat, einzurichten, der die Kirche bei allen Fragen des Missbrauchsskandals beraten soll. Die Unabhängige Aufklärungskommission (UAK) Regensburg befürchtet, dass es ein Gremium über den UAKs werden soll und dass die Bischöfe damit wieder die Kontrolle über die Aufklärungsbemühungen erreichen wollen.

Synodaler Weg

Im März 2023, ca. vier Jahre nachdem der Reformprozess „Synodaler Weg" angestoßen wurde, fand er nun seinen vorläufigen Abschluß mit der 5. Synodalversammlung, die sich aus ca. 230 Personen aus allen Bereichen der Kirche einschließlich aller Bischöfe zusammensetzt.

Welches sind die Ergebnisse dieses Prozesses?

Zölibat: Der Papst wird gebeten zu prüfen, ob eine Aufhebung der Pflicht zum Zölibat möglich ist.
>>> Eine Bitte an den Papst benötigte vier Jahre Diskussion, seltsam.

Segensfeiern: Ab März 2026 sollen Segensfeiern für homosexuelle Paare sowie für wiederverheiratete Geschiedene möglich sein. Drei Jahre werden benötigt, um Formulare und eine Liturgie zu entwickeln.
>>> Drei Jahre für Formulare und eine spezielle Liturgie, wieso benötigt man diese überhaupt? Das ist die Fortführung der Diskriminierung.

Frauen: sollen zur niedrigsten Weihestufe, dem Diakonat, zugelassen werden.
>>> Schon die Würzburger Synode hat 1975 diesen Wunsch an Rom gerichtet, aber nie eine Antwort darauf erhalten. Zwei Päpste haben die Weihe für Frauen ausgeschlossen, das kann nicht widerrufen werden.

Missbrauchstäter: Ein entsprechendes Handlungspapier wurde einstimmig angenommen.
>>> Wieviele der über tausend klerikalen Täter wurden schon bestraft?

Predigterlaubnis für Nichtgeweihte.
Laien, Frauen und Männer, sollen im Gottesdienst predigen dürfen.

FAZIT:>>> Der Heilige Geist unterstützt immer nur den Papst. Bischöfe und Laien der katholischen Kirche sind machtlos. Der Synodale Weg endet leider mit folgender Erkenntnis:

„Molto rumore per nulla"   „Viel Lärm um Nichts".

4. Merkwürdigkeiten der Bibel

Christliche Religionen glauben (Zitat):

„die Bibel ist das inspirierte, unfehlbare, irrtumsfreie und offenbarte Wort Gottes".

Altes Testament

Genesis (Das Erste Buch Mose)

Das Alte Testament beginnt mit der Erschaffung der Welt. Nachdem Gott den ersten Menschen erschaffen hat, setzt er ihn in den Garten Eden, das Paradies. In der Mitte des Paradieses steht der Baum der Erkenntnis von Gut und Böse. Zur geografischen Lage des Paradieses sagt die Bibel: Genesis 2, 10-14: „Ein Strom entspringt in Eden, der den Garten bewässert; dort teilt er sich und wird zu vier Hauptflüssen. (...) Der Name des dritten Stromes ist Tigris; er ist es, der östlich an Assur vorbeifließt. Der vierte Strom ist der Eufrat."

>>> Euphrat und Tigris sind zwei Ströme in Mesopotamien, dem heutigen Irak. Das Paradies befindet sich nach Aussage des Alten Testamentes auf unserem Planeten Erde, nicht im Jenseits und nicht im Himmel.

Genesis 2, 16-17: Gottes erstes Gebot: „Dann gebot Gott, der Herr, dem Menschen: Von allen Bäumen des Gartens darfst du essen, doch vom Baum der Erkenntnis von Gut und Böse darfst du nicht essen; denn am Tag, da du davon isst, wirst du sterben".

>>> Ein merkwürdiges Gebot, denn warum sollte es für ein gottgefälliges Leben schlecht sein, Gut und Böse unterscheiden zu können? Gerade diese Erkenntnis ist nützlich und wird doch von den christlichen Kirchen und der Gemeinschaft der Menschen gefordert und erwartet.

Merkwürdigkeiten der Bibel

Genesis 3, 22: „Dann sprach Gott, der Herr: siehe, der Mensch ist wie einer von uns geworden, dass er Gut und Böse erkennt."
>>> Was bedeutet hier: „wie einer von uns"? Gott ist doch einzig, oder etwa doch nicht?

Genesis 4, 14: Kain, der erste Sohn von Adam und Eva, erschlug seinen Bruder Abel. Er sagte zu Gott: „Siehe, du hast mich heute vom Erdboden vertrieben und ich muss mich vor deinem Angesicht verbergen; rastlos und ruhelos werde ich auf der Erde sein und jeder, der mich findet, wird mich töten."
>>> Adam, Eva, Kain und Abel sind die ersten vier Menschen auf der Erde. Wen also meinte Kain damit, jeder könnte ihn finden und töten?

Genesis 4, 17: „Kain erkannte seine Frau; sie wurde schwanger und gebar Henoch."
>>> Diese Frau muß eine Tochter von Adam und Eva gewesen sein, damit war sie seine Schwester. Wieso hat Gott diesen Inzest erlaubt?

Genesis 5:
5, 5:   Die gesamte Lebenszeit Adams betrug 930 Jahre, dann starb er.
5, 8:   Die gesamte Lebenszeit Sets betrug 912 Jahre, dann starb er.
5, 11: Die gesamte Lebenszeit des Enosch betrug 905 Jahre, …
5, 14: Die gesamte Lebenszeit Kenans betrug 910 Jahre, …
5, 17: Die gesamte Lebenszeit Mahalalels betrug 895 Jahre, …
5, 27: Die gesamte Lebenszeit Metuschelachs betrug 969 Jahre, …
9, 29: Die gesamte Lebenszeit Noachs betrug 950 Jahre, …

>>> Muss man dies nicht als echte Märchenerzählung werten?

Genesis 6, 4: „In jenen Tagen gab es auf der Erde die Riesen, und auch später noch, nachdem sich die Gottessöhne mit den Menschentöchtern eingelassen und diese ihnen Kinder geboren hatten."
>>> Gott hatte also schon Söhne, die mit Menschenfrauen Kinder zeugten. Wie passt das zu dem Dogma, es gäbe nur einen Gott?

Merkwürdigkeiten der Bibel

Genesis 6, 14-16: Gott gibt Noach eine sehr detaillierte Bauanleitung für die Arche, die er bauen soll.

Genesis 9, 18-19: „Die Söhne Noachs, die aus der Arche gekommen waren, sind Sem, Ham und Jafet (...), von ihnen aus verzweigten sich alle Völker der Erde."

Genesis 9, 21-25: „Noach trank von dem Wein, wurde davon betrunken und entblößte sich drinnen in seinem Zelt. Ham, der Vater Kanaans, sah die Blöße seines Vaters und erzählte davon draußen seinen Brüdern. (...) Als Noach aus seinem Weinrausch erwachte und erfuhr, was ihm sein jüngster Sohn angetan hatte, sagte er: Verflucht sei Kanaan, Sklave der Sklaven sei er seinen Brüdern."

>>> Wieso verflucht er seinen Enkel Kanaan? Der hat doch garnichts damit zu tun! Warum ist Noach überhaupt so empfindlich, bloß weil sein Sohn Ham ihn nackt gesehen hat? Eine eigenartige Sexualmoral.

Genesis 17, 10-11: Gott schließt einen Bund mit Abraham. Gott sagt zu ihm: „Dies ist mein Bund zwischen mir und euch und deinen Nachkommen nach dir, den ihr bewahren sollt: Alles, was männlich ist, muss bei euch beschnitten werden. Am Fleisch eurer Vorhaut müsst ihr euch beschneiden lassen."

Genesis 17, 23: „Abraham nahm nun seinen Sohn Ismael sowie alle in seinem Haus Geborenen und alle um Geld Erworbenen, alle männlichen Personen vom Hause Abraham, und beschnitt das Fleisch ihrer Vorhaut noch am selben Tag, wie Gott ihm gesagt hatte."

>>> Es ist nicht klar, warum eigentlich die Beschneidung von Gott gefordert wurde. Warum ausgerechnet die Vorhaut? Warum nicht z.B. ein kleiner Zeh? Das ließe sich viel einfacher kontrollieren als die fehlende Vorhaut, aber vermutlich ist dies eine Hygienemaßnahme. Auf jeden Fall ist es eine merkwürdige Bedingung, die Abraham erfüllen muss, eine Bedingung, die eines Gottes nicht würdig ist. Warum hat Gott die männlichen Nachkommen Abrahams dann nicht gleich ohne Vorhaut geschaffen? Und wer beschneidet den Abraham? Er selbst?

Merkwürdigkeiten der Bibel

Genesis 19, 7-8: Lot, ein Neffe Abrahams, wohnt in der Stadt Sodom. Er erhält Besuch von zwei fremden Männern; er weiß aber nicht, dass es zwei Engel sind. Als Mitbürger von ihm fordern, er solle die Fremden aus dem Haus auf die Straße bringen, ist Lot das orientalische Gastrecht wichtiger als seine eigenen Töchter. Er sagt zu den Bürgern: „Meine Brüder, tut doch nicht das Böse! Seht doch, ich habe zwei Töchter, die noch nicht mit einem Mann verkehrt haben. Ich will sie zu euch herausbringen. Dann tut mit ihnen, was euch gefällt. Nur diesen Männern tut nichts; denn deshalb sind sie ja unter den Schutz meines Daches getreten."
>>> Was ist das für eine scheußliche Moral? Ist das Gott gefällig? Lot gibt seine Töchter zum Missbrauch frei, nur um fremde Gäste zu schützen. Missbrauch ist also nichts Böses, und Diskriminierung von Frauen gab es auch damals schon, genauso wie Missbrauch.

Genesis 50, 24: „Dann sprach Josef zu seinen Brüdern: Ich sterbe. Gott wird sich gewiss euer annehmen, er wird euch aus diesem Land heraus- und in jenes Land hinaufführen, das er Abraham, Isaak und Jakob mit einem Eid zugesichert hat".
>>> Muss Gott irgendetwas mit einem Eid bekräftigen, weil jemand ihm nicht vertraut oder ihm nicht glaubt? Ist Gott nicht glaubwürdig? Muss dieses Buch Genesis nicht insgesamt als orientalisches Märchen bewertet werden?

Exodus (Das Zweite Buch Mose)

Dieses Buch beschreibt den Auszug der Israeliten aus Ägypten, ihre lange Zeit in der Wüste und die Begegnung mit Gott am Berg Sinai.
Exodus 3, 22: Gott sagt zu Mose: „Jede Frau mag von ihrer Nachbarin oder Hausgenossin silberne und goldene Geräte und Kleider erbitten. Legt sie euren Söhnen und Töchtern an und plündert so die Ägypter aus!"
>>> Dieser Gott hat tatsächlich Betrug und Diebstahl befohlen..!

Merkwürdigkeiten der Bibel

Exodus 4, 22-23: Mose soll dem Pharao von Gott sagen: „So spricht der Herr: Israel ist mein erstgeborener Sohn. Ich sage dir: Lass meinen Sohn ziehen, damit er mir dienen kann! Wenn du dich weigerst, ihn ziehen zu lassen, bringe ich deinen erstgeborenen Sohn um."
>>> Muss dieser Gott einem Pharao erst drohen, sein Kind zu töten, nur um seine eigenen Ziele durchzusetzen?

Exodus 16, 14-35: „Als sich die Tauschicht gehoben hatte, lag auf dem Wüstenboden etwas Feines, Knuspriges, fein wie Reif, auf der Erde. (...) Da sagte Moses zu ihnen: Das ist das Brot, das der Herr euch zu essen gibt. (...) Das Haus Israel nannte das Brot Manna. Es war weiß wie Koriandersamen und schmeckte wie Honigkuchen. (...) Die Israeliten aßen vierzig Jahre lang Manna, bis sie in bewohntes Land kamen."
>>> Wie kann man dieses orientalische Märchen für wahr halten?

Exodus 21, 20-21: Gott sagt: „Wenn einer seinen Sklaven oder seine Sklavin mit dem Stock so schlägt, dass er unter seiner Hand stirbt, dann muss er unbedingt gerächt werden. Wenn er noch einen oder zwei Tage am Leben bleibt, dann soll den Täter keine Rache treffen; es geht ja um sein eigenes Geld."
>>> Was ist das für eine zynische Einstellung! Warum erlaubt dieser Gott überhaupt die Sklaverei und verbietet sie nicht?

Exodus 21, 28: Gott sagt: „Wenn ein Rind einen Mann oder eine Frau so stößt, dass der Betreffende stirbt, dann muss man das Rind steinigen und sein Fleisch darf man nicht essen."
>>> Warum muss so etwas von diesem Gott geregelt werden? Sind die Israeliten etwa zu dumm dazu?

>>> Das ganze Buch Exodus ist voll detaillierter Anweisungen für Mose, für den Priester Aaron und für das Volk: der Bauplan für die Bundeslade zur Aufbewahrung der Zehn Gebote, Rechtsfragen, das Ritual des Brandopfers, die Liturgie der Priester, ihre Gewänder, usw. usw. Die Zehn Gebote sind dabei noch das Einfachste. Wie hat Mose alle diese Details vom Berg Sinai zu seinem Volk herunter gebracht? Er hatte doch weder Schreibgeräte noch Computer.

Merkwürdigkeiten der Bibel

Levitikus (Das Dritte Buch Mose)

Aus dem jüdischen Stamm Levi kommen die Priester, die den Kult ausführen und die Israeliten ihre gottgegebene Lebensordnung lehren. Es geht z.B. seitenweise nur darum, wie der Priester wann welches Tier als Sühneopfer zu schlachten hat. Es wird genau festgelegt, welchen Teil des Opfertieres Gott als Brandopfer erhält (natürlich nur das Fett) und welchen Teil der Priester als Nahrung behalten darf (natürlich Brust und Keule). Das klingt sehr nach menschlicher Auswahl.

Levitikus 11: Gott zählt hier alle Tierarten einzeln auf, die von den Israeliten gegessen oder nicht gegessen werden dürfen; z.B. darf man keine Kurzohreule essen, die Hagab-Heuschrecke aber darf man essen!

Levitikus 13, 18-19: Gott sagt: „Wenn sich auf der Haut eines Menschen ein Furunkel bildet und wieder abheilt, (...) soll er sich dem Priester zeigen."
>>> Warum ist dieser Gott interessiert an Furunkeln der Israeliten?

Levitikus 15, 16: Gott sagt: „Hat ein Mann einen Samenergusss, soll er seinen ganzen Körper in Wasser baden und ist unrein bis zum Abend". Levitikus 15, 30: „Wenn eine Frau wegen eines Ausflusses unrein war, soll sie dem Priester zwei Tauben bringen". Gott sagt weiter: „Der Priester soll die eine als Sündopfer und die andere als Brandopfer verwenden. Er soll für sie so vor dem Herrn wegen ihres verunreinigenden Ausflusses Versöhnung erwirken".

>>> Dieser Gott hat doch die Menschen genau so erschaffen, mit gelegentlichem Ausfluss. Warum ist dann ein „Sündopfer" zur „Versöhnung" notwendig? Schon damals haben die Priester sichergestellt, dass sie wegen aller möglichen Kleinigkeiten benötigt wurden und dabei immer etwas zum Essen erhielten; das Sündopfer haben sie selbst gegessen, dass Brandopfer (meistens das Fett) wurde für Gott verbrannt.

Merkwürdigkeiten der Bibel

Levitikus 17, 10: Gott sagt: „Jeder Mann aus dem Haus Israel oder jeder Fremde in eurer Mitte, der irgendwie Blut genießt, gegen diese Person werde ich mein Antlitz wenden und ihn aus der Mitte seines Volkes ausmerzen."

Levitikus 20, 13: Gott sagt: „Schläft einer mit einem Mann, wie man mit einer Frau schläft, dann haben sie eine Gräueltat begangen; beide haben den Tod verdient...".

Levitikus 21, 10: Gott sagt: „Der Priester, der unter seinen Brüdern den höchsten Rang einnimmt, (...) soll nur eine Jungfrau heiraten...".
>>> Warum also leben katholische Bischöfe und Papst noch zölibatär?

Levitikus 21, 16-21: Gott sagt: „Keiner (...) der ein Gebrechen hat, darf herantreten um die Speise seines Gottes darzubringen. (...) kein Blinder oder Lahmer, kein im Gesicht oder am Körper Entstellter, kein Mann, der einen gebrochenen Fuß oder eine gebrochene Hand hat, keiner mit Buckel, kein Kleinwüchsiger, keiner mit Augenstar, Ausschlag, Flechte oder Hodenquetschung...".
>>> Was ist das für ein Gott, der sich um solche Dinge kümmert und Menschen, die er selbst erschaffen hat, ablehnt und diskriminiert? Wie wird der Priester prüfen, ob ein Mann eine Hodenquetschung hat?

Levitikus 22, 10-11: Gott sagt zu Mose: „Kein Unbefugter darf Heiliges essen; weder der Beisasse eines Priesters noch sein Lohnarbeiter darf etwas Heiliges essen. Aber wenn ein Priester eine Person mit seinem Geld als Eigentum erwirbt, darf sie davon essen ebenso wie einer, der in seinem Haus geboren ist".

>>> Menschenhandel war damals zeitgemäß, ebenso wie damals auch diese Anweisungen Gottes. Warum besteht die heutige katholische Kirche aber darauf, nicht dem Zeitgeist folgen zu wollen? Sogar dieser Gott des Alten Testamentes hat seine Anordnungen der Zeit angepasst.

Merkwürdigkeiten der Bibel

Levitikus 26, 1: Gott sagt: „Ihr sollt euch keine Götzen machen, euch weder ein Gottesbild noch ein Steinmal aufstellen und in eurem Land keine Steine mit Bildwerken aufrichten, um euch vor ihnen niederzuwerfen; denn ich bin der Herr, euer Gott."
>>> Was ist das für ein Gott? Er schreibt bis ins kleinste Detail alles vor. Ist die Hostie, das „Allerheiligste", etwa kein Götze bzw. Gottesbild?

Numeri (Das Vierte Buch Mose)

Die Israeliten sind nach dem Auszug aus Ägypten noch in der Wüste am Berg Sinai. Eine Musterung aller Männer ab einem Alter von zwanzig Jahren ergibt die gewaltige Zahl von 603.550 wehrfähigen Männern. Die Leviten wurden nicht gemustert, sie waren die Priester und verantwortlich für das Offenbarungszelt und alle heiligen Gerätschaften.
>>> Das bedeutet, zusammen mit Frauen und Kindern müssen es wohl insgesamt mindestens zwei Millionen Menschen gewesen sein. Und diese Menschenmenge verbrachte vierzig Jahre in der Wüste? Wer hat sie dort versorgt mit Wasser und Essen? Das ist sehr unglaubwürdig.

Numeri 6, 22: „Der Herr sprach zu Mose: Sag zu Aaron und seinen Söhnen: So sollt ihr die Israeliten segnen (...): Der Herr segne dich und behüte dich. Der Herr lasse sein Angesicht über dich leuchten und sei dir gnädig. Der Herr wende sein Angesicht dir zu und schenke dir Frieden."

>>> Dieser Segensspruch wird in allen christlichen Kirchen gerne verwendet. Aber was ist mit den übrigen Aussagen dieses Gottes? Darüber wird möglichst garnicht gesprochen, denn das wäre wohl sehr peinlich.

Numeri 11, 31: „Darauf erhob sich ein Wind vom Herrn her und trieb Wachteln vom Meer herüber. Er warf sie auf das Lager, etwa einen Tagesmarsch weit in der einen Richtung und einen Tagesmarsch weit in der anderen Richtung rings um das Lager; ungefähr zwei Ellen hoch lagen sie auf dem Erdboden."
>>> Zwei Ellen hoch, das ist ca. ein halber Meter. Eine solche Schicht Wachteln auf einer Fläche von zwei Tagesmärschen, das ist wirklich viel... und es ist wirklich unglaubwürdig.

Merkwürdigkeiten der Bibel

Numeri 15, 32-36: „Als die Israeliten in der Wüste waren, entdeckten sie einmal, dass jemand am Sabbat Holz sammelte. (…) Der Herr sprach zu Mose: Der Mann hat den Tod verdient. Die ganze Gemeinde soll ihn draußen vor dem Lager steinigen. Da führte die ganze Gemeinde den Mann vor das Lager hinaus und steinigte ihn zu Tode, wie der Herr es Mose geboten hatte."

Numeri 31, 7-18: „Die Israeliten zogen gegen Midian zu Feld, wie der Herr es Mose geboten hatte, und brachten alle männlichen Personen um. (…) Die Frauen von Midian und deren kleine Kinder nahmen die Israeliten als Gefangene mit. All ihr Vieh und ihr Besitz und ihre Habe plünderten sie. Alle Städte im Siedlungsgebiet der Midianiter und ihre Zeltdörfer brannten sie nieder.(…) Und Mose sagte zu ihnen: Warum habt ihr alle Frauen am Leben gelassen? (…) Nun bringt alle kleinen Knaben um und tötet ebenso alle Frauen, die schon mit einem Mann geschlafen haben! Aber alle Mädchen, die noch nicht mit einem Mann geschlafen haben, lasst für euch am Leben!"

Numeri 33, 50-52: „In den Steppen von Moab, am Jordan bei Jericho, sprach der Herr zu Mose: Wenn ihr über den Jordan nach Kanaan zieht, dann vertreibt vor euch alle Bewohner des Landes und zerstört alle ihre Götterbilder."

>>> Dieser blutrünstige Gott soll tatsächlich derselbe sein wie der barmherzige Gott des Neuen Testamentes? Das ist sehr unglaubwürdig.

Deuteronomium (Das Fünfte Buch Mose)

Das fünfte Buch enthält viele Reden des Moses an sein Volk sowie seinen letzten Lebenstag. Er darf das verheißene Land nicht betreten.

Deuteronomium 7, 1: Gott spricht zum Volk der Israeliten: „Wenn der Herr, dein Gott, dich in das Land geführt hat, in das du jetzt hineinziehst, um es in Besitz zu nehmen, wenn er dir viele Völker aus dem Weg räumt, (…) wenn der Herr, dein Gott, sie dir ausliefert und du sie schlägst, (…)

Merkwürdigkeiten der Bibel

Du sollst keinen Vertrag mit ihnen schließen, sie nicht verschonen (...) Wenn du überlegst: Diese Völker sind größer als ich – wie sollte ich sie ausrotten können? Dann sollst du vor ihnen keine Furcht haben (...) Außerdem wird der Herr, dein Gott, Panik unter ihnen ausbrechen lassen, so lange, bis auch die ausgetilgt sind, die überleben konnten und sich vor dir versteckt haben. (...) Doch der Herr, dein Gott, wird diese Völker dir nach und nach aus dem Weg räumen. (...) Er wird sie in ausweglose Verwirrung stürzen, bis sie vernichtet sind. Keiner wird deinem Angriff standhalten können, bis du sie schließlich vernichtet hast."

>>> Gott ermuntert hier zur Vernichtung, er verspricht Unterstützung. Als Begründung für diesen Völkermord mit Gottes Hilfe zugunsten der Israeliten werden Gründe genannt, die genau so bei den Eroberungszügen der Europäer in der Neuen Welt genannt wurden: Die fremden Kulturen seien Kindermörder, verzehrten Menschenfleisch, praktizierten Zauberkünste und unheilige Riten. Dabei ging und geht es bei allen Eroberungszügen gar nicht um den Sieg der besseren Moral, sondern um Land, Geld und Macht. Dieser Gott des Alten Testamentes kennt kein Mitleid und vernichtet unschuldige Menschen.

Deuteronomium 9, 1: Moses spricht zum Volk: „Höre, Israel! Heute wirst du den Jordan überschreiten, um in das Land von Völkern, die größer und mächtiger sind als du, hineinzuziehen und ihren Besitz zu übernehmen. (...) Heute wirst du erkennen, dass der Herr, dein Gott, wie ein verzehrendes Feuer selbst vor dir hinüberzieht. Er wird sie vernichten und er wird sie dir unterwerfen, sodass du sie unverzüglich ausrotten und austilgen kannst, wie es der Herr dir zugesagt hat."
>>> Dieser Gott soll auch der Gott des Neuen Testamentes sein? Unmöglich.

Deuteronomium 22, 5: „Eine Frau soll nicht die Ausrüstung eines Mannes tragen und ein Mann soll kein Frauenkleid anziehen; denn jeder, der das tut, ist dem Herrn, deinem Gott, ein Gräuel."
>>> Warum missachtet die katholische Kirche dieses eindeutige Gebot?

Merkwürdigkeiten der Bibel

Deuteronomium 23, 2: „In die Versammlung des Herrn darf keiner kommen, dessen Hoden zerquetscht sind oder dessen Glied verstümmelt ist."
>>> Was für eine verrückte Anweisung! Welcher Kleriker prüft diese Merkmale vor einer Versammlung?

Deuteronomium 23, 18: „Unter den Frauen Israels soll es keine Geheiligte geben und unter den Männern Israels soll es keinen Geheiligten geben."
>>> Warum missachtet die katholische Kirche dieses Wort Gottes? Die christliche Kirche hat sehr viele heilige Frauen und Männer; aber die katholische Kirche befördert weiterhin immer neue Heilige.

>>> Der Gott der fünf Bücher Mose ist einerseits sehr streng, er tötet, läßt töten, steinigen, ausmerzen, vernichten. Andererseits ist dieser Gott sehr detailverliebt bei allem, was er Mose und Aaron mitteilt. Ist dieser Gott des Mose und der Israeliten wirklich der Schöpfer des Universums, des Himmels und der Erde? Ist dieser Gott wirklich derselbe wie der barmherzige Gott der Evangelien, des Neuen Testamentes? Das ist doch sehr unglaubwürdig.

Das Buch Josua

Josua, der Nachfolger Mose, wurde von Gott beauftragt, das Volk Israel durch/über den Jordan in das versprochene Land im Westen zu führen.

Josua 5, 2-3: „Damals sagte der Herr zu Josua: Mach dir Steinmesser und beschneide die Israeliten ein zweites Mal! Da machte sich Josua Steinmesser und er beschnitt die Israeliten auf dem Hügel der Vorhäute (...) Als das Volk auszog, waren alle beschnitten." Die, die nach dem Auszug aus Ägypten in der Wüste geboren wurden, hatte man nicht beschnitten und musste sie daher nun erstmals beschneiden.
>>> Wie konnte denn Josua mit Steinmessern die Beschneidung vieler tausend Menschen so schnell bewerkstelligen? Das ist unglaubwürdig.

Merkwürdigkeiten der Bibel

Das Buch der Richter

Richter 3, 31: Auf Ehud folgte Schamgar, der Sohn des Anat. Er erschlug sechshundert Philister mit einem Ochsenstecken.
Richter 7 und 8: Gideon besiegt mit dreihundert Mann und Gottes Hilfe das Heer der Midianiter. Von 140.000 Mann überlebten nur fünfzehntausend.
Richter 15, 14-15: Simson war Gefangener der Philister. „Da kam der Geist des Herrn über ihn. (…) Er fand den noch blutigen Kinnbacken eines Esels, streckte seine Hand aus, ergriff ihn und erschlug damit tausend Männer."
>>> Warum immer so unsinnig viele Tote? Haben die sich nie gewehrt? Das sind doch orientalische Märchenerzählungen.

Das Erste Buch Samuel

Samuel 1, 15, 2-3: Samuel sagt zu Saul: „…gehorche jetzt den Worten des Herrn! So spricht der Herr der Heerscharen: (…) Darum zieh jetzt in den Kampf und schlag Amalek! (…) Schone es nicht, sondern töte Männer und Frauen, Kinder und Säuglinge,…".

Samuel 1, 18, 6-7: „Als sie nach Davids Sieg über die Philister heimkehrten, zogen die Frauen aus allen Städten Israels König Saul singend und tanzend (…) entgegen. Die Frauen spielten und riefen voll Freude: Saul hat Tausend erschlagen, David aber Zehntausend."

Samuel 1, 18, 25: König Saul bietet seine Töchter dem David zur Heirat an. „So sollt ihr David sagen: Der König möchte keine andere Brautgabe als die Vorhäute von hundert Philistern, um an den Feinden des Königs Rache zu nehmen. (…) Die gesetzte Frist war noch nicht um, als David sich auf den Weg machte und mit seinen Leuten zog; er erschlug zweihundert von den Philistern, brachte ihre Vorhäute zum König und legte sie vollzählig vor ihm hin, um sein Schwiegersohn zu werden."

Merkwürdigkeiten der Bibel

>>> Eine sehr blutrünstige Geschichte: Mord und Totschlag im Namen dieses Gottes. Sogar Kinder und Säuglinge sollen getötet werden. Und immer wieder geht es um Vorhäute, sehr eigenartig. Dieser „großartige" Massenmörder David ist also der Vorfahre des Josef, Vater von Jesus. Wie können denn Josef oder Jesus auf diesen Vorfahren stolz sein?

Das Erste Buch der Könige

1 Könige 2, 1-3: „Als die Zeit herankam, da David sterben sollte, ermahnte er seinen Sohn Salomo: Ich gehe nun den Weg alles Irdischen. Sei also stark und mannhaft! Erfülle deine Pflicht gegen den Herrn, deinen Gott: geh auf seinen Wegen und bewahre alle seine Satzungen, Gebote, Rechtsentscheide und Bundeszeugnisse, die in der Weisung des Mose niedergeschrieben sind."

1 Könige 2, 5-6: David sagt: „Du weißt selbst, was Joab, der Sohn der Zeruja, mir angetan hat. (...) von deiner Weisheit leiten und sorge dafür, dass sein graues Haupt nicht unbehelligt in die Unterwelt kommt"!

1 Könige 2, 8-9: David sagt: „Da ist auch Schimi, der Sohn Geras, (...) er hat einen bösen Fluch gegen mich ausgesprochen. (...) lass ihn nicht ungestraft! Du bist ein kluger Mann und weißt, was du mit ihm tun sollst. Schick sein graues Haupt blutig in die Unterwelt!"

>>> David, König und Vorfahre Jesu, stirbt und geht den Weg alles Irdischen, d.h. er geht weder in den Himmel noch in die Hölle, sondern in die Unterwelt. Zuvor aber mahnt er noch seinen Sohn Salomo, Gottes Gebote zu halten und beauftragt ihn gleichzeitig, noch rasch zwei Männer zu ermorden! Das muss man wohl Doppelmoral nennen. David war überhaupt nicht so edel, wie es immer gesagt und besungen wird.

1 Könige 11, 1-3: „König Salomo liebte neben der Tochter des Pharao noch viele andere ausländische Frauen (...). Er hatte siebenhundert fürstliche Frauen und dreihundert Nebenfrauen...

Merkwürdigkeiten der Bibel

>>> kann man noch mehr übertreiben? Wenn er jeden Tag eine andere Frau besuchen würde, bräuchte er drei Jahre, um wieder zur ersten Frau zu kommen.

1 Könige 18, 22-40: „Da sagte Elija zum Volk: Ich allein bin als Prophet des Herrn übriggeblieben, die Propheten des Baal aber sind vierhundertfünfzig. (..) Elija aber befahl ihnen: Ergreift die Propheten des Baal! Keiner von ihnen soll entkommen. Man ergriff sie und Elija ließ sie zum Bach Kischon hinabführen und dort töten."

>>> Elija, der wichtigste Prophet der Israeliten nach Mose, lässt mal so eben 450 Männer umbringen. Sein Gott lässt ihn dabei gewähren, obwohl dieser Gott doch sicher andere, unblutige Möglichkeiten hätte.

1 Könige 20, 28-29: Der Prophet Elija sagt zum König von Israel: „So spricht der Herr: Weil die Aramäer sagen, dass der Herr ein Gott der Berge und nicht ein Gott der Ebenen sei, gebe ich diese ganze gewaltige Menge in deine Hand. (…) Am siebten Tag kam es zur Schlacht und die Israeliten töteten vom aramäischen Fußvolk hunderttausend Mann an einem Tag."

>>> Warum lässt dieser Gott nicht Verhandlungen führen, einen Ausgleich suchen, Frieden schaffen, anstatt 100.000 Männern den Tod zu bringen? Auch dies ist eine sehr unglaubwürdige, brutale, märchenhafte Geschichte.

Das Zweite Buch der Könige

Nachdem der Prophet Elija in den Himmel aufgefahren war, wurde Elischa sein Nachfolger.

2 Könige 2, 23-24: „Von dort ging er nach Bet-El. (…) kamen junge Burschen aus der Stadt und verspotteten ihn. Sie riefen ihm zu: Kahlkopf, komm herauf! Kahlkopf, komm herauf! Er wandte sich um, sah sie an und verfluchte sie im Namen des Herrn. Da kamen zwei Bären aus dem Wald und zerrissen zweiundvierzig junge Leute."

Merkwürdigkeiten der Bibel

2 Könige 19, 35: Der König von Assur will Jerusalem erobern. „In jener Nacht zog der Engel des Herrn aus und erschlug im Lager der Assyrer hundertfünfundachtzigtausend Mann. Als man am nächsten Morgen aufstand, siehe, sie alle waren Leichen, Tote."

>>> Warum immer so blutrünstig ? Warum immer so viele Tote und wer hat die eigentlich gezählt? Das Alte Testament will offensichtlich möglichst große Gottesfurcht erzeugen und schwelgt deshalb in solchen gewaltigen, märchenhaften Zahlen.

Das Buch Esra

Esra 10, 2-3: „Schechanja nahm das Wort und sagte zu Esra: Ja, wir haben unserem Gott die Treue gebrochen; wir haben fremde Frauen aus der Bevölkerung des Landes geheiratet. (...) Wir wollen jetzt mit unserem Gott einen Bund schließen, dass wir alle fremden Frauen samt den von ihnen geborenen Kindern wegschicken nach dem Beschluß des Herrn und aller, die vor dem Gebot unseres Gottes zittern."

>>> Bedeuten diesem Gott seine Gebote mehr als Werte wie Familie, Kinder, Nächstenliebe? Oder handelt dieser Gott so, weil er noch keine christlichen Werte kennt, da Jesus Christus noch nicht erschienen ist? Offenbar weiß dieser Gott noch nichts von Jesus.

Das Buch Jesus Sirach

Jesus Sirach 7, 14: „Schwatze nicht in der Menge der Ältesten und wiederhole nicht Worte bei deinem Gebet."
Jesus Sirach 11, 4: „Prahle nicht mit dem Tragen von Gewändern, und am Ehrentag überhebe dich nicht!"

>>> Das gilt ebenso für die katholische Kirche: hier werden Worte des Gebets ständig wiederholt, hier werden prächtige Gewänder getragen, nicht nur zur Ehre Gottes, sondern zur Ehre der Kirche und ihrer geweihten Männer, um die Gläubigen zu beindrucken.

Merkwürdigkeiten der Bibel

Jesus Sirach 30, 1: „Wer seinen Sohn liebt, wird ihm häufig Schläge geben, damit er am Ende erfreut wird."
Jesus Sirach 30, 12: „Beuge seinen Nacken in der Jugend, schlag ihn aufs Gesäß, solange er noch klein ist, sonst wird er störrisch und widerspenstig gegen dich und du hast Kummer mit ihm!"

>>> Das haben die Erzieher in den Kinderheimen oder bei den Regensburger Domspatzen wörtlich genommen.

Jesus Sirach 30, 17: „Besser ist der Tod als ein verbittertes Leben, und besser Ruhe in Ewigkeit als andauernde Krankheit."

>>> Warum sind also ist die christlichen Kirchen gegen Sterbehilfe bei unheilbaren Krankheiten? Hier ist die Rede von Tod und Ruhe in Ewigkeit, aber kein Wort von Himmel, Paradies, Auferstehung, Fegefeuer, Hölle oder Teufel, das alles sind Erfindungen der christlichen Kirchen.

„Die Bibel ist das inspirierte, unfehlbare,
irrtumsfreie und offenbarte Wort Gottes."

Kann man das nach Lektüre dieser ausgewählten Merkwürdigkeiten des Alten Testamentes immer noch behaupten? Sicher nicht. Was ist das überhaupt für ein Gott? Das Alte Testament beschreibt die Geschichte des jüdischen Volkes, die sich auch aus anderen Quellen belegen lässt. Diese Geschichte der Israeliten ist jedoch vermischt und sehr angereichert mit orientalischen Übertreibungen, märchenhaften Ereignissen und Erzählungen. Diese Aussage, die Bibel sei „das offenbarte Wort Gottes", ist sehr unglaubwürdig.

Merkwürdigkeiten der Bibel

Interessant ist aber auch folgendes:
Dieser Gott des Alten Testamentes ist offensichtlich ein Praktiker, ein real handelnder, rücksichtsloser Gott, kein Visionär oder Phantast. Er macht keine Versprechungen derart, dass er die Aufnahme in den Himmel verspricht bzw. den Absturz in die Hölle androht. Die Menschen sterben und gehen in die Unterwelt ein, weder in einen Himmel noch in eine Hölle, die gibt es für diesen Gott nicht. Dieser Gott handelt nur auf der Erde, er hilft oder zerstört. Gott verspricht den Lebenden etwas für ihre Zukunft auf der Erde, nämlich Land, Macht, Kinder, Reichtum, u.a., aber dieser Gott macht keine Aussagen oder Versprechungen für ein irgendwie geartetes Jenseits. Dieser Gott verspricht auch keine Auferstehung von den Toten oder eine Himmelfahrt der Seelen. Eine Ausnahme bildet lediglich der Prophet Elija, der in einem Wirbelsturm in den Himmel aufgenommen wird. (2 Könige 2, 11).

Dieser Gott des Alten Testamentes scheint ein ganz anderer zu sein als der Gott des Neuen Testamentes. Das macht verständlich. warum die Kirche sich genötigt sah, folgendes Dogma zu verkünden:
„Wer sagt oder glaubt,
der Gott des alten Gesetzes sei ein anderer Gott
als der Gott der Evangelien: anathema sit."
Damit ist jeder verflucht, der das nicht glauben kann. Das ist zwar kein Beweis, aber überzeugen konnte man auch garnicht, sondern der gewünschte Glaube sollte erzwungen und Diskussionen beendet werden.

Die christlichen Kirchen zitieren oft und gern aus dem Alten Testament, vermeiden aber alle blutrünstigen, rachsüchtigen, mörderischen Aussagen dieses alttestamentarischen Gottes und bringen nur die hoffnungsvollen, friedlichen, angenehmen Texte vor ihre Gemeinden. Das ist sehr unehrlich. Wahrscheinlich haben die christlichen Kirchen Angst davor, ihre Gläubigen zu verunsichern und letztlich zu verlieren.

In meiner Jugendzeit und lange danach hatte ich das Alte Testament noch garnicht gelesen, ich hätte sonst ganz sicher schon viel früher große Zweifel an der Bibel und meiner darauf basierenden religiösen, christlichen Erziehung gehabt.

Neues Testament

Das Evangelium nach Matthäus (ca. 80 n. Chr.)

Matth. 4, 1-2: „Dann wurde Jesus vom Geist in die Wüste geführt, dort sollte er vom Teufel versucht werden. Als er vierzig Tage und Nächte gefastet hatte, hungerte ihn."
>>> Woher weiß man das? Wie überlebt man solange in der Wüste? Wieso will Gott durch seinen Geist seinen Sohn verführen, also testen? Gott weiß alles, Jesus weiß alles, was also gibt es da zu testen?

Matth. 8, 16: „Am Abend brachte man viele Besessene zu ihm. Er trieb mit seinem Wort die Geister aus und heilte alle Kranken."
Matth. 8, 28-32: „Als Jesus an das andere Ufer kam (…), liefen ihm aus den Grabhöhlen zwei Besessene entgegen. (…) Da baten ihn die Dämonen: Wenn du uns austreibst, dann schick uns in die Schweineherde! Und er sagte zu ihnen: Weg mit euch! Die aber fuhren aus und in die Schweine hinein."
Matth. 9, 32-33: „man brachte einen Stummen zu ihm, der von einem Dämon besessen war. Er trieb den Dämon aus und der Stumme konnte reden."
Matth. 10, 1: „Dann rief er seine zwölf Jünger zu sich und gab ihnen die Vollmacht, die unreinen Geister auszutreiben und alle Krankheiten und Leiden zu heilen."

>>> Wenn die von der Kirche behauptete „Apostolische Sukzession" Realität wäre, müssten diese Vollmacht und diese Fähigkeit bei den Nachfolgern der Apostel, den heutigen Bischöfen, vorhanden sein.
Das aber ist offensichtlich nicht der Fall.

Matth. 10, 24: „Ein Jünger steht nicht über seinem Meister und ein Sklave nicht über seinem Herrn."
>>> Warum sagen Jesus und später auch Paulus eigentlich nichts gegen die Sklaverei?

Merkwürdigkeiten der Bibel

Matth. 13, 44: „Mit dem Himmelreich ist es wie mit einem Schatz, der in einem Acker vergraben war. Ein Mann entdeckte ihn und grub ihn wieder ein. Und in seiner Freude ging er hin, verkaufte alles, was er besaß, und kaufte den Acker."
>>> Das ist doch eine sehr unehrliche Handlungsweise, denn der Mann betrügt den Besitzer des Ackers, der ja nichts von dem Schatz weiß. Das soll Jesus so gesagt haben? Das ist unglaubwürdig.

Matth. 13, 54-56: „Jesus kam in seine Heimatstadt und lehrte die Menschen in ihrer Synagoge, sodass sie außer sich gerieten vor Staunen und sagten: Woher hat er diese Weisheit und diese Machttaten? Ist das nicht der Sohn des Zimmermanns? Heißt nicht seine Mutter Maria und sind nicht Jakobus, Josef, Simon und Judas seine Brüder? Leben nicht auch alle seine Schwestern unter uns?"
>>> Wie kann die Kirche trotz dieses Textes, des „offenbarten Wort Gottes", behaupten dass Maria bis zu ihrem Tod eine Jungfrau geblieben sei?

Matth. 15, 1-9: „Da kamen von Jerusalem Pharisäer und Schriftgelehrte zu Jesus (…) Er entgegnete ihnen: (…) Ihr Heuchler! Treffend hat der Prophet Jesaja über euch gesagt: Dieses Volk verehrt mich mit den Lippen, sein Herz aber ist weit weg von mir. Vergeblich verehren sie mich; was sie lehren sind Satzungen von Menschen."
>>> Trifft das nicht auch auf die katholische Kirche zu mit ihren tausenden Schriften, Vorschriften, Satzungen, Dogmen u.a.?

Matth. 15, 33-38: „Da sagten die Jünger zu ihm: Wo sollen wir in dieser Wüste so viel Brot hernehmen, um soviele Menschen satt zu machen? Jesus sagte zu ihnen: Wie viele Brote habt ihr? Sie antworteten: Sieben und ein paar Fische. (…) alle aßen und wurden satt. Und sie sammelten die übriggebliebenen Stücke ein, sieben Körbe voll. Es waren viertausend Männer, die gegessen hatten, dazu noch Frauen und Kinder."
>>> Sieben ist eine beliebte Märchenzahl: sieben Körbe, sieben Zwerge, sieben Geisslein, sieben Brüder, sieben Dämonen, sieben Sakramente, usw. Dies ist eine unglaubwürdige Geschichte.

Matth. 16, 18: „Ich aber sage dir: Du bist Petrus und auf diesen Felsen werde ich meine Kirche bauen."
>>> Das kann Jesus niemals gesagt haben, denn den Begriff „Kirche" gab es damals garnicht. Er sagte: „Gemeinde" oder „Gemeinschaft" (griechisch: ecclesia). Die katholische Kirche jedoch verwendet absichtlich den falschen Begriff „Kirche" von Beginn an in ihrer Bibel.

Matth. 23, 9: „Auch sollt ihr niemanden auf Erden euren Vater nennen; denn nur einer ist euer Vater, der im Himmel."
>>> Mit welcher Vollmacht nennt die katholische Kirche den Papst sogar: „Heiliger Vater", entgegen dieser klaren Anweisung von Jesu?

Matth. 23, 27: „Weh euch, ihr Schriftgelehrten und Pharisäer, ihr Heuchler! Ihr seid wie getünchte Gräber, (…) innen aber voll (…) Unreinheit. So erscheint auch ihr von außen den Menschen gerecht, innen aber seid ihr voll Heuchelei und Gesetzlosigkeit."
>>> Das gilt für die Kleriker im Missbrauchs- und Vertuschungsskandal.

Das Evangelium nach Markus (ca. 70 n. Chr.)

Markus 1, 39: „Und er zog durch ganz Galiläa, verkündete in ihren Synagogen und trieb die Dämonen aus."
>>> In Gottes Volk muss es von Dämonen gewimmelt haben.

Markus 4, 39: „Da stand er auf, drohte dem Wind und sagte zu dem See: Schweig, sei still! Und der Wind legte sich, es trat völlige Stille ein."

Markus 6, 3: „Ist das nicht der Zimmermann, der Sohn der Maria und der Bruder von Jakobus, Joses, Judas und Simon? Leben nicht seine Schwestern hier unter uns?"
>>> Wie kann die Kirche trotz dieses Textes behaupten, Maria sei bis zu ihrem Tod Jungfrau geblieben? Warum ist das eigentlich so wichtig?

Merkwürdigkeiten der Bibel

Markus 6, 41-44: „Darauf nahm er die fünf Brote und die zwei Fische, blickte zum Himmel auf, sprach den Lobpreis, brach die Brote und gab sie den Jüngern, damit sie diese an die Leute austeilten. Auch die zwei Fische ließ er unter allen verteilen und alle aßen und wurden satt. Und sie hoben Brocken auf, zwölf Körbe voll, und Reste von den Fischen. Es waren fünftausend Männer, die von den Broten gegessen hatten."

Markus 6, 47-49: „Als es Abend wurde, war das Boot mitten auf dem See, er aber war allein an Land. Und er sah, wie sie sich beim Rudern abmühten (...). In der vierten Nachtwache kam er zu ihnen; er ging auf dem See."

Markus 9, 28-29: „Jesus trat in das Haus und seine Jünger fragten ihn, als sie allein waren: Warum konnten denn wir den Dämon nicht austreiben? Er antwortete ihnen: Diese Art kann nur durch Gebet ausgetrieben werden."
>>> Jesus hatte garnicht gebetet, sondern dem Dämon befohlen, zu verschwinden. Offenbar gab es damals viele verschiedene, unterschiedlich zu behandelnde Arten von Dämonen.

Markus 16, 9: „Als Jesus am frühen Morgen des ersten Wochentages auferstanden war, erschien er zuerst Maria aus Magdala, aus der er sieben Dämonen ausgetrieben hatte."
>>> Schon wieder Dämonen und die Zahl sieben, wie in den Märchen.

Markus 16, 16: Jesus sagt: „ Wer glaubt und sich taufen lässt, wird gerettet; wer aber nicht glaubt, wird verurteilt werden."

>>> Dieser Satz spricht gegen die Taufe von Kleinkindern, wie sie von den christlichen Kirchen gefordert und durchgeführt wird. Jesu fordert jedoch zuerst den Glauben und erst danach die Taufe. Das heißt doch, dass man sich bewusst für die Taufe entscheiden soll. Trotz dieser klaren Aussage wurden diejenigen Christen verfolgt, die die Erwachsenentaufe durchführten (z.B. die protestantischen Mennoniten).

Markus 16, 17-18: „Und durch die, die zum Glauben gekommen sind, werden folgende Zeichen geschehen: In meinem Namen werden sie Dämonen austreiben; sie werden in neuen Sprachen reden; wenn sie Schlangen anfassen oder tödliches Gift trinken, wird es ihnen nicht schaden; und die Kranken, denen sie die Hände auflegen, werden gesund werden."

>>> Ist es denn wirklich so gekommen? Die einfachen Gläubigen haben diese Fähigkeiten jedenfalls nicht, auch wenn sie noch so sehr beten und fromm sind bzw. tun. Haben dann wenigstens die Bischöfe und der Papst diese Fähigkeiten? Offensichtlich auch nicht. Woran könnte das liegen? Zuwenig Glaube, zuwenig Barmherzigkeit?

Das Evangelium nach Lukas (ca. 80-90 n. Chr.)

Lukas 8, 1-2: „Er wanderte von Stadt zu Stadt und von Dorf zu Dorf und verkündete das Evangelium Gottes. Die Zwölf begleiteten ihn und auch einige Frauen, die von bösen Geistern und Krankheiten geheilt worden waren: Maria, genannt Magdalena, aus der sieben Dämonen ausgefahren waren,..."
>>> Schon wieder Dämonen und die Zahl sieben. (siehe Markus 16, 9).

Lukas 8, 19: „Es kamen aber seine Mutter und seine Brüder zu ihm; sie konnten jedoch wegen der vielen Leute nicht zu ihm gelangen."
>>> Wie kann die Kirche trotz dieses Textes behaupten, Maria sei bis zu ihrem Tod Jungfrau geblieben?

Lukas 9, 1: „Dann rief er die Zwölf zu sich und gab ihnen Kraft und Vollmacht über alle Dämonen und um Krankheiten zu heilen."

Lukas 10, 21-22: „In dieser Stunde rief Jesus, vom Heiligen Geist erfüllt, voll Freude aus: Ich preise dich, Vater, Herr des Himmels und der Erde, (…). Alles ist mir von meinem Vater übergeben worden; niemand erkennt, wer der Sohn ist, nur der Vater, und niemand erkennt, wer der Vater ist, nur der Sohn und der, dem es der Sohn offenbaren will."

>>> Diese Ausage spricht doch gegen das Dogma der Dreifaltigkeit. Jesus wäre doch von sich selbst erfüllt und würde sich selbst preisen, und alles wäre ihm von ihm selbst übergeben worden! Sehr eigenartig.

Das Evangelium nach Johannes (ca. 90 n. Chr.)

Johannes 20, 22-23: Jesus spricht nach seiner Auferstehung: „Nachdem er das gesagt hatte, hauchte er sie an und sagte zu ihnen: Empfangt den Heiligen Geist! Denen ihr die Sünden erlasst, denen sind sie erlassen; denen ihr sie behaltet, sind sie behalten."

>>> Diese Vollmacht, Sünden zu erlassen, wurde durch den Empfang des Heiligen Geistes ermöglicht, den Jesus persönlich den Aposteln eingehaucht hatte. Wie sollte dieser eingehauchte Heilige Geist bis in die heutige Zeit weitergegeben worden sein? Indem ein Bischof einen anderen anhaucht? 2000 Jahre lang? Unvorstellbar.

Die Apostelgeschichte (ca. 90 n. Chr.)

Nachdem Jesus in den Himmel aufgefahren war:

Apostelgesch. 1, 14: „Sie alle verharrten dort einmütig im Gebet, zusammen mit den Frauen und Maria, der Mutter Jesu, und seinen Brüdern."
>>> Maria soll die immerwährende Jungfrau sein, trotz einiger Söhne?

Apostelgesch. 8, 18-20: „ Als Simon sah, dass durch die Handauflegung der Apostel der Geist verliehen wird, brachte er ihnen Geld und sagte: Gebt auch mir diese Vollmacht, damit jeder, dem ich die Hände auflege, den Heiligen Geist empfängt! Petrus aber sagte zu ihm: Dein Silber fahre mit dir ins Verderben, wenn du meinst, die Gabe Gottes lasse sich für Geld kaufen."
>>> In den zweitausend Jahren des Christentums sind sehr viele kirchliche Ämter (Bischöfe, Kardinäle, Päpste) für Geld erworben worden!

Merkwürdigkeiten der Bibel

Die katholische Kirche aber behauptet, auch diese Männer könnten nach dem Geschäft dennoch durch Hände auflegen weihen, segnen und den Heiligen Geist austeilen, obwohl Petrus doch genau das Gegenteil gesagt hat. Das ist sehr unglaubwürdig.

Apostelgesch. 16, 16-18: „Als wir einmal auf dem Weg zur Gebetsstätte waren, begegnete uns eine Magd, die einen Wahrsagegeist hatte und mit der Wahrsagerei ihren Herren großen Gewinn einbrachte. (…) Da wurde Paulus ärgerlich, wandte sich um und sagte zu dem Geist: Ich befehle dir im Namen Jesu Christi: Fahre aus dieser Frau aus! Und im gleichen Augenblick fuhr er aus."
>>> Hatte die Frau einen Wahrsagegeist oder war sie eine geschäftstüchtige Betrügerin? Wie soll Paulus das geschafft haben? Er hatte doch von Jesus gar keine Vollmacht erhalten.

Apostelgesch. 17, 24: „Der Gott, der die Welt erschaffen hat und alles in ihr, er, der Herr über Himmel und Erde, wohnt nicht in Tempeln, die von Menschenhand gemacht sind. Er lässt sich auch nicht von Menschenhänden dienen, als ob er etwas brauche, er, der allen das Leben, den Atem, alles gibt. (…) Denn in ihm leben wir, bewegen wir uns und sind wir."

>>> Gott wohnt also nicht in den Kirchen von Menschenhand gemacht. Wozu also der Prunk und Protz in vielen katholischen Kirchen? Nach dieser Aussage wohnt Gott auch nicht in einem Gebäck, in der Hostie, die ebenfalls von Menschen gemacht wurde.

Apostelgesch. 19, 11-12: „Auch ungewöhnliche Machttaten tat Gott durch die Hand des Paulus. Sogar seine Schweißbinden und Tücher, die er auf der Haut getragen hatte, nahm man weg und legte sie den Kranken auf; da wichen die Krankheiten und die bösen Geister fuhren aus."

>>> Das klingt sehr orientalisch märchenhaft und unglaubwürdig.

Merkwürdigkeiten der Bibel

Der Brief an die Römer

Römer 1, 19-20: „Denn es ist ihnen offenbar, was man von Gott erkennen kann; Gott hat es ihnen offenbart. Seit Erschaffung der Welt wird nämlich seine unsichtbare Wirklichkeit an den Werken der Schöpfung mit der Vernunft wahrgenommen, seine ewige Macht und Gottheit."
>>> Wir sollen Gott mit unserer Vernunft in seiner Schöpfung suchen, nicht in „Heiligen Büchern" und nicht in „Heiligen Überlieferungen". Die echten Theologen sind die Naturwissenschaftler, die die Schöpfung wirklich verstehen wollen.

Römer 12, 14: „Segnet eure Verfolger; segnet sie, verflucht sie nicht!"
>>> Warum verflucht die katholische Kirche trotzdem alle diejenigen Menschen, die nicht glauben, was sie ihnen befiehlt zu glauben?

Römer 13, 1: „Jeder ordne sich den Trägern der staatlichen Gewalt unter. Denn es gibt keine staatliche Gewalt außer von Gott; die jetzt bestehen, sind von Gott eingesetzt."
>>> Die katholische Kirche hat sich der staatlichen Gewalt dort untergeordnet, wo es zu ihrem Vorteil war, gerade auch in Diktaturen.

Die Briefe an die Korinther

1 Korinther 5, 11-13: „Habt nichts zu schaffen mit einem, der sich Bruder nennt und dennoch Unzucht treibt (...), Habt ihr nicht die zu richten, die zu euch gehören? Die Außenstehenden wird Gott richten. Schafft den Übeltäter weg aus eurer Mitte!"
>>> Eine klare Anweisung für den Umgang mit Missbrauchstätern.

1 Korinther 7, 8-9: „Wenn sie aber nicht enthaltsam leben können, sollen sie heiraten. Es ist nämlich besser zu heiraten, als sich in Begierde zu verzehren."
>>> Das ist eine klare Aussage gegen zölibatäre Missbraucher.

Merkwürdigkeiten der Bibel

1 Korinther 9, 2-5: „ (…) Haben wir nicht das Recht, eine Schwester im Glauben als Frau mitzunehmen, wie die übrigen Apostel und die Brüder des Herrn (…)?"
>>> Warum beharrt die katholische Kirche auf dem Zölibat? Die Apostel und die Brüder Jesu waren offensichtlich verheiratet.

1 Korinther 11, 14-15: „Lehrt euch nicht schon die Natur, dass es für den Mann eine Schande, für die Frau aber eine Ehre ist, lange Haare zu tragen?"
>>> Warum werden Jesus und die Apostel mit langen Haaren dargestellt? Die Kirchen halten sich offenbar nur an diejenigen Paulusworte, die in ihre Absichten passen. Die übrigen Worte werden ignoriert.

1 Korinther 14, 33-35: „Wie es in allen Gemeinden der Heiligen üblich ist, sollen die Frauen in den Versammlungen schweigen; es ist ihnen nicht gestattet, zu reden: Sie sollen sich unterordnen, wie auch das Gesetz sagt. Wenn sie etwas lernen wollen, dann sollen sie zu Hause ihre Männer fragen; denn es gehört sich nicht für eine Frau, in der Versammlung zu reden."
>>> Das sagt der Apostel Paulus, aber nicht Jesus! Die katholische Kirche selbst sagt heutzutage so etwas nicht, weil sie weiß, dass sie sich lächerlich machen würde; sie diskriminiert Frauen auf andere Weise.

1 Korinther 15, 13-19: „Wenn es keine Auferstehung der Toten gibt, ist auch Christus nicht auferweckt worden. Ist aber Christus nicht auferweckt worden, dann ist unsere Verkündigung leer, leer auch euer Glaube. (…) Wenn aber Christus nicht auferweckt worden ist, dann ist euer Glaube nutzlos und ihr seid immer noch in euren Sünden. (…) Wenn wir allein für dieses Leben unsere Hoffnung auf Christus gesetzt haben, sind wir erbärmlicher daran als alle anderen Menschen."

>>> Warum so negativ? Glaubt man denn nur, weil man einen Nutzen davon hat, also z.B. die Auferstehung? Unser Glaube an Gott braucht keinen Nutzen. Unser Leben ist doch nicht deshalb erbärmlich weil es keine Auferstehung gibt.

Merkwürdigkeiten der Bibel

Der Sinn unseres Lebens ist nicht die Auferstehung, sondern das Leben hier und jetzt auf diesem Planeten. Unser Auftrag ist es, dass Beste aus diesem einen Leben zu machen.

1 Korinther 16, 22: „Wer den Herrn nicht liebt, sei verflucht!"
>>> Paulus verflucht Andersgläubige. Ist das die Rechtfertigung der katholischen Kirche für ihre eigene lange Liste von Verfluchungen?

2 Korinther 12, 12: „Das, woran man den Apostel erkennt, wurde mit großer Ausdauer unter euch vollbracht: Zeichen, Wunder und Machttaten."
>>> Haben die katholischen Bischöfe als Nachfolger der Apostel und mit Hilfe der angeblichen „Apostolischen Sukzession" jemals solche Zeichen, Wunder und Machttaten vollbracht? Nein.

Der Brief an die Galater

Galater 1, 9: „Wer euch ein anderes Evangelium verkündet im Widerspruch zu dem, das ihr angenommen habt – er sei verflucht."
>>> Paulus verflucht Abweichler. Ist das die Rechtfertigung der katholischen Kirche für ihre eigene lange Liste von Verfluchungen?

Galater 1, 15: „Als es aber Gott gefiel, der mich schon im Mutterleib auserwählt und durch seine Gnaden berufen hat...".
>>> Das klingt sehr selbstgefällig. Woher weiß denn Paulus das? Er will damit angeben und seine Autorität festigen!

Galater 2, 7: „...sie sahen, dass mir das Evangelium für die Unbeschnittenen anvertraut ist wie dem Petrus für die Beschnittenen."
>>> Wäre demnach nicht Paulus der rechtmäßige erste Papst statt Petrus, wie die römisch-katholische Kirche es lehrt? Wir Europäer sind doch die Unbeschnittenen.

Galater 2, 15: „Wir (...) wissen, dass der Mensch nicht aus Werken des Gesetzes gerecht wird, sondern aus dem Glauben an Jesus Christus...".

Merkwürdigkeiten der Bibel

Galater 3, 27-28: „Denn ihr alle, die ihr auf Christus getauft seid, habt Christus angezogen. Es gibt nicht mehr Juden und Griechen, nicht Sklaven und Freie, nicht männlich und weiblich; denn ihr alle seid einer in Christus Jesus."
>>> Eine Diskriminierung der Frauen kann man hier nicht herauslesen.

Der Brief an die Epheser

Epheser 5, 21-23: „Einer ordne sich dem Andern unter in der gemeinsamen Furcht Christi! Ihr Frauen euren Männern wie dem Herrn; denn der Mann ist das Haupt der Frau, wie auch Christus das Haupt der Kirche ist. (…) Wie aber die Kirche sich Christus unterordnet, so sollen sich auch die Frauen in allem den Männern unterordnen."

>>> Jesus selbst hat nicht verlangt, dass Frauen sich unterordnen sollen. Wieso verlangt Paulus dies? Er folgt dem Zeitgeist, der öffentlichen Meinung, statt dagegen anzupredigen! Die katholische Kirche dagegen verwendet gerade diese Aussage des Paulus, um zu begründen, dass Frauen nicht geweiht werden können. Die Kirche will sich nicht unserer Zeit anpassen und greift sich die dazu passenden Bibelworte heraus.

Epheser 6, 5-6: „Ihr Sklaven, gehorcht den irdischen Herren mit Furcht und Zittern und mit aufrichtigem Herzen, als wäre es Christus, nicht in Augendienerei, als wolltet ihr Menschen gefallen, sondern erfüllt als Sklaven Christi von Herzen den Willen Gottes!"
>>> Paulus predigt, der Sklavendienst entspreche dem Willen Gottes. Er folgt dem Zeitgeist, anstatt gegen die Sklavenhaltung zu predigen!

Der Brief an die Philipper

Philipper 2, 6-11: „Er war Gott gleich (…). Darum hat Gott ihn über alle erhöht (…)….und jeder Mund bekennt: Jesus Christus ist der Herr zur Ehre Gottes, des Vaters."
>>> Hier ist keine Dreifaltigkeit, wie die christlichen Kirchen lehren, sondern ZWEI Personen: Gott, der Vater und Jesus, der Sohn.

Merkwürdigkeiten der Bibel

Der Brief an die Kolosser

Kolosser 1, 3: „Wir danken Gott, dem Vater unseres Herrn Jesus Christus...".
Kolosser 1, 16: „Er ist das Haupt, der Leib aber ist die Kirche."

>>> Die katholische Kirche suggeriert mit dieser Übersetzung, dass Paulus von einer „Kirche" wie heute spricht, einer zentralistisch regierten katholischen Weltkirche mit einem Papst an der Spitze. Das aber ist eine Manipulation, denn den Begriff „Kirche" gab es zur Paulus-Zeit noch garnicht. Es gab ja auch keine Gebäude, genannt Kirchen, sondern nur Synagogen und Tempel. Die Gemeinden trafen sich in privaten Räumen. Paulus spricht von Gemeinde oder Gemeinschaft, so wie es auch die Lutherbibel übersetzt. Und diese christlichen Gemeinden könnten nach heutigen Maßstäben katholisch, evangelisch oder orthodox sein. Das griechische „ecclesia" wird erst später mit „Kirche" gleichgesetzt, die katholische Bibel dagegen verwendet den Begriff „Kirche" absichtlich fälschlicherweise überall im Neuen Testament.

Kolosser 2, 23: „Man sagt zwar, (...) es sei freiwillige Frömmigkeit und Unterwürfigkeit, den Leib nicht zu schonen. Doch das bringt keine Ehre ein, sondern dient nur zur Befriedigung irdischer Eitelkeit."
>>> Wozu also das Fasten, das Quälen, sich kasteien, auf Knien zum Marienbild rutschen, lange Wallfahrten, Prozessionen u.a.?

Die Briefe an die Thessalonicher

1 Thess. 1, 1: „Paulus, Silvanus und Timotheus an die Kirche der Thessalonicher, die in Gott, dem Vater, und in Jesus Christus, dem Herrn ist..."
>>> siehe vorher bei Kolosser 1, 16 zum Thema „Kirche". Es kann noch garnicht „Kirche" heißen, sondern z.B. Gemeinde oder Gemeinschaft.

1 Thess. 3, 11: „Gott, unser Vater, und Jesus, unser Herr, mögen unsere Schritte zu euch lenken."
>>> Hier gibt es keine Dreifaltigkeit.

Merkwürdigkeiten der Bibel

2 Thess. 1, 7: „...Jesus, der Herr, der sich vom Himmel her offenbart mit seinen mächtigen Engeln in loderndem Feuer. Dann übt er Vergeltung an denen, die Gott nicht kennen und dem Evangelium Jesu, unseres Herrn, nicht gehorchen. Sie werden mit ewigem Verderben bestraft."
>>> Was erzählt Paulus hier? Wie kommt Paulus denn darauf? Jesus übt Vergeltung? Jesus bestraft Nicht-Christen mit ewigem Verderben? Paulus will missionieren mit Angst und üblen Drohungen.

Die Briefe an Timotheus

1 Timoth. 1, 17: „Dem König der Ewigkeit, dem unvergänglichen, unsichtbaren, einzigen Gott sei Ehre und Herrlichkeit in alle Ewigkeit. Amen".
1 Timoth. 2, 5: „Einer ist Gott. Einer auch Mittler zwischen Gott und den Menschen: der Mensch Jesus Christus".
>>> Hier ist keine Dreifaltigkeit, wie es die christlichen Kirchen lehren, sondern hier sind ZWEI separate Personen: Gott, der Vater, der Unsichtbare, der Ewige, und Jesus, der Sohn, der Mensch, der Sichtbare.

1 Timoth. 2, 11-12: „Eine Frau soll sich still und in voller Unterordnung belehren lassen. Dass eine Frau lehrt, erlaube ich nicht, auch nicht, dass sie über ihren Mann herrscht; sie soll sich still verhalten."
>>> Woher hat Paulus diese Vollmacht? Von Jesus ganz sicher nicht. Diese Aussage entspricht damaligem Zeitgeist und öffentlicher Meinung. Muss man diese Einstellung nach zweitausend Jahren nicht unserer Zeit anpassen? Warum wehrt sich die katholische Kirche dagegen?

1 Timoth. 3, 2-5: „Deshalb soll der Bischof untadelig, Mann einer einzigen Frau sein...(...) Er muss seinem eigenen Haus gut vorstehen, seine Kinder in Gehorsam und allem Anstand erziehen. Wenn einer seinem eigenen Haus nicht vorstehen kann, wie soll der für die Kirche Gottes sorgen?"
1 Timoth. 3, 12: „Diakone sollen Männer einer einzigen Frau sein und ihren Kindern und ihrem eigenen Haus gut vorstehen."

Merkwürdigkeiten der Bibel

>>> Das eigene Haus, die eigene Familie sind laut Paulus der Nachweis, ob jemand ein guter Bischof oder Diakon sein kann. Diesem Test entziehen sich die geweihten, katholischen Männer durch den Zölibat.

1 Timoth. 3, 15: „…sollst du wissen, wie man sich im Haus Gottes verhalten muss, welches die Kirche des lebendigen Gottes ist, Säule und Fundament der Wahrheit."
>>> Schon wieder diese Manipulation, denn statt „Kirche" muss es auch hier Gemeinde oder Gemeinschaft heißen. Auch diese Bibelstelle soll suggerieren, dass Paulus von der katholischen Kirche spricht. Dieses Bild malt die katholische Kirche sehr gern: sie ist Säule und Fundament der Wahrheit. Dabei meint Paulus aber jede einzelne Gemeinde, keine katholische Weltkirche in heutigem Sinne.

1 Timoth. 6, 1: „Alle, die das Joch der Sklaverei zu tragen haben, sollen ihren Herren alle Ehre erweisen, damit der Name Gottes und die Lehre nicht in Verruf kommen."
>>> Paulus ist der „gute Ruf" der Kirche und die Lehre wichtiger als das Schicksal der betroffenen Menschen und die Menschenrechte. Das entspricht dem Verhalten der katholischen Kirche im Missbrauchsskandal. Warum predigt Paulus als Christ nicht gegen die Sklaverei?

1 Timoth. 6, 14: „Erfülle deinen Auftrag rein und ohne Tadel, bis zum Erscheinen Jesu Christi, unseres Herrn, das zur vorbestimmten Zeit herbeiführen wird der selige und einzige Herrscher, der König der Könige und Herr der Herren, der allein die Unsterblichkeit besitzt, der in unzugänglichem Licht wohnt, den kein Mensch gesehen hat, noch je zu sehen vermag: Ihm gebührt Ehre und ewige Macht. Amen."

>>> Diese Aussage spricht eindeutig gegen eine Dreifaltigkeit Gottes. Das Erscheinen Jesu Christi wird herbeigeführt von dem unsichtbaren Gott. Dieser unsichtbare einzige Gott allein ist unsterblich.

Der Brief an die Hebräer

Hebräer 1, 1-2: „Vielfältig und auf vielerlei Weise hat Gott einst zu den Vätern gesprochen durch die Propheten; am Ende dieser Tage hat er zu uns gesprochen durch den Sohn, den er zum Erben von allem eingesetzt…"
>>> Auch das spricht gegen die Dreifaltigkeit. Warum sollte denn Gott einen Erben einsetzen? Gott ist unsterblich.

Hebräer 2, 14: „…um durch den Tod den zu entmachten, der die Gewalt über den Tod hat, nämlich den Teufel…".
>>> Der Tod ist Bestandteil der göttlichen Schöpfung. Der Tod eines Lebewesens ist etwas ganz natürliches und notwendiges. Es hat mit einem Teufel, der nicht existiert, nichts zu tun.

Hebräer 10, 11-18: „Und jeder Priester steht Tag für Tag da, versieht seinen Dienst und bringt viele Male die gleichen Opfer dar, die doch niemals Sünden wegnehmen können. Dieser aber hat nur ein einziges Opfer für die Sünden dargebracht…(…) Wo also die Sünden vergeben sind, da gibt es kein Opfer für die Sünden mehr."

>>> Warum wird dann in jeder katholischen Messe das sogenannte Kreuzesopfer dargebracht? Paulus sagt doch, diese Opfer können keine Sünden wegnehmen. Sie sind wirkungslos und unnötig.

Der Brief des Jakobus

Jakobus 5, 14: „Ist einer unter euch krank, dann rufe er die Ältesten der Gemeinde zu sich; sie sollen Gebete über ihn sprechen und ihn im Namen des Herrn mit Öl salben."
>>> Zur Krankensalbung ist demnach kein katholischer Priester notwendig, obwohl die katholische Kirche das Gegenteil lehrt.

Die Briefe des Petrus

1 Petrus 1, 3: „Gepriesen sei der Gott und Vater unseres Herrn Jesus Christus…"
>>> Auch das spricht gegen die Dreifaltigkeit.

1 Petrus 1, 20: „Er war schon vor Grundlegung der Welt dazu ausersehen und euretwegen ist er am Ende der Zeiten erschienen." (Jesus)
>>> Große Worte, aber woher weiß Petrus das und von wem?

1 Petrus 2, 13: „Unterwerft euch um des Herrn willen jeder menschlichen Ordnung…".

>>> Warum gibt es keine Forderungen nach Demokratie und keine Verurteilungen von Diktaturen? Jesus als Gottes Sohn wusste sicher, dass so etwas möglich ist und in der Zukunft geben wird. Petrus dagegen hatte keine Ahnung von der Zukunft und von Demokratie.

1 Petrus 2, 18-20: „Ihr Sklaven, ordnet euch in aller Ehrfurcht euren Herren unter (…). Ist es vielleicht etwas Besonderes, wenn ihr wegen einer Verfehlung Schläge erleidet? Wenn ihr aber recht handelt und trotzdem Leiden erduldet, das ist eine Gnade in den Augen Gottes."

>>> Das soll ein Trost für die Sklaven sein, diese „Gnade" Gottes? Warum sagt Petrus kein Wort gegen die Sklaverei?

Die Briefe des Johannes

1 Johannes 2, 15-16: „Liebt nicht die Welt und was in der Welt ist! Wer die Welt liebt, in dem ist der Vater nicht. Denn alles, was in der Welt ist, die Begierde des Fleisches, die Begierde der Augen und das Prahlen mit dem Besitz, ist nicht vom Vater, sondern von der Welt."

>>> Diese Aussage ist menschen- und lebensfeindlich.

Merkwürdigkeiten der Bibel

Viele bedauernswerte Menschen haben sich das leider zu Herzen genommen und sich in die Einsamkeit, in Klöster, Eremitagen usw. zurückgezogen. Warum soll man denn Gottes Schöpfung, die Erde, die Natur, das Leben, seine Liebsten, seine Kinder usw. nicht lieben? Alles, was in der Welt ist, ist doch selbstverständlich vom Vater, auch die schönen Dinge wie die Liebe, die Begierden des Fleisches, die Begierde der Augen.

1 Johannes 2, 22-23: „Das ist der Antichrist, der den Vater und den Sohn leugnet. Jeder, der den Sohn leugnet, hat auch den Vater nicht; wer den Sohn bekennt, hat auch den Vater."
1 Johannes 4, 14-15: „Wir haben geschaut und bezeugen, dass der Vater den Sohn gesandt hat als Retter der Welt. Wer bekennt, dass Jesus der Sohn Gottes ist, in dem bleibt Gott und er bleibt in Gott."
>>> Das spricht doch ebenfalls sehr gegen die Dreifaltigkeit.

2 Johannes 3: „Gnade wird mit uns sein, Erbarmen und Friede von Gott, dem Vater, und von Jesus Christus, dem Sohn des Vaters, in Wahrheit und Liebe."
>>> Wie kann man damit eine Dreifaltigkeit begründen? EIN Gott, aber drei verschiedene Personen? Soll Jesus sein eigener Sohn sein? Soll der Sohn sein eigener Vater sein? Das ist eine sehr unglaubwürdige, wilde Konstruktion.

2 Johannes 10-11: „Wenn jemand zu euch kommt und nicht diese Lehre mitbringt, dann nehmt ihn nicht in euer Haus auf, sondern verweigert ihm den Gruß! Denn wer ihm den Gruß bietet, macht sich mitschuldig an seinen bösen Taten."

>>> Ist das die richtige Einstellung zu anderen Religionen? Johannes unterstellt jedem Andersgläubigen böse Taten. Das ist kein christliches Verhalten. Jesus wäre da sicher ganz anderer Meinung.

Merkwürdigkeiten der Bibel

Die Offenbarung des Johannes

Johannes 1, 4: „Johannes an die sieben Gemeinden in der Provinz Asien: Gnade sei mit euch und Friede von Ihm, der ist und der war und der da kommt, und von den sieben Geistern vor seinem Thron und von Jesus Christus; (…).“

1, 12: „Als ich mich umwandte, sah ich sieben goldene Leuchter…“.
1, 16: „In seiner Rechten hielt er sieben Sterne…“.
2: „Die sieben Briefe“.
3, 1: „Er, der die sieben Geister Gottes und die sieben Sterne hat…“.
4, 4: „und rings um den Thron standen vierundzwanzig Throne…“.
4, 4: „auf den Thronen saßen vierundzwanzig Älteste…“.
4, 5: „und sieben lodernde Fackeln brannten vor dem Thron;…“.

5, 1: „eine Buchrolle, (…) mit sieben Siegeln versiegelt.“
5, 6: „ein Lamm (…) hatte sieben Hörner und sieben Augen;“
5, 6: „die Augen sind die sieben Geister Gottes…“.
5, 11: „die Zahl der Engel war zehntausend mal zehntausend…“.
6, 1: „Das Lamm öffnete das erste der sieben Siegel…“.

7, 1: „Vier Engel (…) vier Ecken der Erde und (…) die vier Winde“.
7, 4: „es waren hundertvierundvierzigtausend aus allen Stämmen“.
7, 5: „trugen zwölftausend das Siegel“. (aus jedem Stamm)
8, 2: „Sieben Engel standen vor Gott…“.
8, 2: „ihnen wurden sieben Posaunen gegeben“.
8, 9: „ein Drittel der Schiffe wurde vernichtet“.
8, 12: „der Tag um ein Drittel dunkler wurde…“.

9, 13: „von den vier Hörnern des goldenen Altars…“.
9, 15: „da wurden die vier Engel losgebunden…“
9, 15: „die bereitstanden, ein Drittel der Menschheit zu töten“.
9, 16: „die Zahl der Reiter (…) war vieltausend mal tausend…“.

Merkwürdigkeiten der Bibel

10, 3:   „erhoben die sieben Donner ihre Stimme".
11, 2:   „die heilige Stadt zertreten, zweiundvierzig Monate lang…".
11, 3:   „prophetisch zu reden, zwölfhundertsechzig Tage lang".
11, 13: „ein Zehntel der Stadt stürzte ein…"
11, 13: „siebentausend Menschen kamen durch das Erdbeben um".
12, 3:   „ein Drache (…) mit sieben Köpfen und zehn Hörnern"
12, 3:   „und mit sieben Diademen auf seinen Köpfen".
12, 4:   „sein Schwanz fegte ein Drittel der Sterne vom Himmel…".
12, 6:   „die Frau aber floh in die Wüste (…) zwölfhundertsechzig Tage".

13, 1:   „Tier stieg aus dem Meer, mit 10 Hörnern u. sieben Köpfen".
13, 1:   „auf seinen Hörnern trug es zehn Diademe…".
13, 5:   „ihm Macht gegeben, dies zweiundvierzig Monate zu tun".
13, 18: „eines Menschennamens (…) sechshundertsechsundsechzig".
14, 1:   „Das Lamm (…), bei ihm waren hundertvierundvierzigtausend".
14, 20: „Blut strömte (…), eintausendsechshundert Stadien weit".
15, 1:   „Ich sah sieben Engel mit sieben Plagen, den sieben letzten…".
15, 7:   „reichte den sieben Engeln sieben goldene Schalen…".
16, 13: „falschen Propheten drei unreine Geister hervorkommen".

17, 3:   „scharlachroten Tier (…) sieben Köpfe und zehn Hörner hatte".
17, 9:   „Die sieben Köpfe bedeuten sieben Berge (…) sieben Könige".
17, 12: „Die zehn Hörner (…) bedeuten zehn Könige…".
20, 2:   „ein Engel (…) fesselte ihn für tausend Jahre". (den Teufel).
20, 4:   „zum Leben und zur Herrschaft mit Christus für tausend Jahre".

21, 12: „Die Stadt (…) mit zwölf Toren und zwölf Engeln darauf".
21, 14: „hat zwölf Grundsteine (…) zwölf Namen der zwölf Apostel".
21, 16: „Länge, Breite und Höhe sind gleich: zwölftausend Stadien".
21, 17: „die Mauer; sie ist hundertvierundvierzig Ellen hoch…".

Merkwürdigkeiten der Bibel

>>> Kann man, muss man diese Geschichte wirklich ernst nehmen?

Johannes wurden in seiner Vision scheinbar eine Unmenge an Daten mitgeteilt. Es ist schwer vorstellbar, dass er z.B. eine Menschenmenge größer als z.B. 24 Älteste noch mit den Augen erfassen kann. Woher hat er also die Zahlen, die in die tausende oder hunderttausende gehen? Woher weiß er z.B. „ein Drittel der Sterne" oder „ein Drittel der Schiffe"? Woher hat er solche Zeitangaben wie 42 Monate oder 1260 Tage? Er hat sie sich wahrscheinlich beim Niederschreiben seiner Vision überlegt und ausgedacht. Seine Zeitangabe „tausend Jahre" (z.B. in 20, 2) ist interessant, weil seit Johannes bis heute bereits schon fast zweitausend Jahre vergangen sind. Sind also seine Visionen vor ca. 1000 Jahren denn schon Wirklichkeit geworden? Offenbar nicht.

Schon vor über 3000 Jahren hat der persische Prophet Zarathustra apokalyptische Visionen erzählt. Auch er glaubte, dass es nur einen Gott gibt und dass es in der Welt den Kampf des Guten gegen das Böse gibt, den Kampf des Lichtes gegen die Dunkelheit. Das „Buch Daniel" des Alten Testamentes handelt ebenfalls von Endzeit-Geschehnissen und wurde sicher von Johannes für seine „Offenbarung" verwendet.

Werden die „Visionen" des Johannes dadurch glaubwürdiger? Kann man heute glauben, dass die „Offenbarung des Johannes" eine Offenbarung durch Gott gewesen ist? Oder muss man nicht doch eher annehmen, dass es sich hier um orientalische Fabulierlust handelt?

Andere Religionen deuten die Zukunft aus hingeworfenen Tierknochen oder aus den Eingeweiden geschlachteter Tiere…. Unsere christlichen Theologen aber grübeln jahrelang über orientalischen Märchentexten und versuchen sie zu deuten. Die Juden haben aus diesen Texten ihre Religion gemacht, die Christen haben ihre Religion ebenfalls darauf aufgebaut. Wer will, mag das glauben, solange nicht behauptet wird, nur diese Religion sei die einzig wahre und einzig richtige Religion, denn dafür gibt es überhaupt keine Beweise.

5. Glaube, Zweifel, Freiheit

Viele Bestandteile des Glaubens sind bei der katholischen und den protestantischen Kirchen zum Teil identisch, zum Beispiel der Trinitätsglaube, das heißt, zu glauben, dass Gott, Jesus und der Heilige Geist drei verschiedene Personen, aber nur EIN GOTT sind. Bei katholischen wie evangelischen Christen sind auch die Aussagen des Apostolischen Glaubensbekenntnisses zu Jesu Geburt, Lebensweg, Kreuzigung, Tod, Wiederauferstehung und Himmelfahrt identisch. Darüber hinaus gibt es aber noch eine Reihe von Dogmen, die in den christlichen Kirchen sehr unterschiedlich sind, aber ebenfalls geglaubt werden müssen, sonst wäre man kein richtiges Mitglied seiner Kirche.

>>> Warum ist eigentlich der Trinitätsglaube nicht Bestandteil des Apostolischen Glaubensbekenntnisses? Das ist doch sehr merkwürdig.

Was hindert uns, mit Freunden oder im Kreise der Familie offen über die Besonderheiten unseres Glaubens zu sprechen? Es liegt wohl zum einen daran, dass es uns nicht wichtig ist, und zum anderen, dass wir unsicher sind mit dem was wir glauben sollen aber nicht glauben können. Wir fürchten uns davor oder es ist uns peinlich, dies zuzugeben. Über solche Zweifel aber könnte doch offen gesprochen und diskutiert werden, z.B. auf den Kirchentagen. Die christlichen Kirchen haben jedoch kaum Interesse an einer Diskussion der unterschiedlichen, grundlegenden Glaubenssätze, denn diskutieren heißt: in Frage stellen, zweifeln, begründen, und davor fürchten sich unsere Kirchen.

Gott hat uns Menschen mit der Vernunft beschenkt. Er will, dass wir diese Vernunft einsetzen. Er hat nicht gefordert, die Vernunft auszuschalten und uns von Menschen vorschreiben zu lassen, was wir glauben sollen. Eine von Menschen geschaffene Glaubenslehre kann niemals fehlerlos und absolut wahr sein, denn sie ist Menschenwerk. Erst nach kritischer Überprüfung sollte jeder Mensch für sich entscheiden, ob er dieser Glaubenslehre folgen kann und will oder nicht.

Glaube, Zweifel, Freiheit

Gott hat uns Menschen auch mit einem Gewissen ausgerüstet. Gewissen und Vernunft sagen uns, was gut und was böse ist. Dafür benötigen wir weder Religion noch Glaubenslehre. Gott hat uns Menschen diesen inneren Kompass geschenkt, damit wir miteinander und im Einklang mit seiner Schöpfung überleben können.

Der katholische Bischof von Rottenburg, Fürst, sieht in dem Verbot der Beschneidung von Jungen einen Eingriff in die Religionsfreiheit und sichert Juden und Muslimen seine Solidarität zu. (Stuttgarter Zeitung, 2012). Der Bischof sollte dann auch konsequent sein und seine eigene katholische Religion nicht als „Alleinseligmachende" bezeichnen. Diese Aussage diskriminiert andere Religionen. Die katholische Kirche hat in ihrer 2000-jährigen Geschichte die Religions- und Glaubensfreiheit anderer Religionen bekämpft und tut das auch in der Gegenwart mit Aussagen wie: „Der Heilige Geist leitet die katholische Kirche", „Das Reich Gottes um uns ist die katholische Kirche", allein die katholische Kirche sei im Besitz der „Wahrheit", sowie durch ihre Verfluchungen gegen Andersgläubige und ihre Forderung nach Ausrottung der „Irrlehren".

Religionsfreiheit heißt für mich: Die Menschen sollen in Familie, Schulen und Medien viele Informationen über die eigene und über andere Religionen erhalten. Keiner soll sagen, seine Religion sei die „richtige", alle anderen seien „nicht richtig". Keiner soll sagen, nur seine Geschichten seien wahr, alle anderen seien unwahr. Niemand darf die Anderen verurteilen oder verfluchen, weil sie seine Geschichten nicht glauben. Jeder soll selbst entscheiden, was er glauben kann und will. Entweder es ist wahr, dann kann man es beweisen. Oder es ist ungewiss, dann kann man es glauben oder auch nicht. Der „wahre Glaube" der katholischen Kirche fordert, dass ALLES geglaubt wird, was die Kirche vorschreibt. An Gott glauben heißt: sich Gott unterwerfen. Alles glauben, was die Kirche vorschreibt heißt aber: sich der Kirche zu unterwerfen.

Glaube, Zweifel, Freiheit

Augustinus von Hippo, katholischer Heiliger, (354-430) sagte dazu:

„Was wir einsehen, verdanken wir der Vernunft,
was wir glauben, der Autorität,
was wir nur meinen, dem Irrtum".

Thomas von Aquin, katholischer Heiliger des 13. Jahrhunderts, sagte:

„Wer glaubt, gibt dem seine Zustimmung durch die Vernunft,
was ihm von einem anderen vorgelegt wird,
während er selbst es nicht sieht".

Papst Benedikt XVI. sagte am 24.10.2012:

„Der Glaube… ist ein Akt, durch den ich mich freiwillig einem Gott anvertraue, der Vater ist und der mich liebt".

Katholiken danken daher ihrer Kirche, der „Autorität", dass sie ihnen den „Glauben" geschenkt hat. Je mehr Autorität vorhanden ist, desto größer ist also der „Glaube", das ist sehr interessant. Benedikt XVI. hat sogar die allerhöchste Autorität, GOTT, benannt, um dem katholischen Glauben noch mehr Bedeutung zu geben. Er suggeriert dadurch, der katholische Glaube sei den Menschen von Gott selbst vorgelegt worden und sei deshalb besonders vertrauenswürdig. Das ist natürlich falsch, denn dieser Glaube wurde über Jahrhunderte mit viel Zank und Streit von Menschen definiert, konstruiert und zusammengebaut. Kann man das „wahrer Glaube" nennen, wenn Menschen schließlich einen solchen konstruierten Glauben annehmen? Die Vernunft lässt mich an vielen Aussagen der Bibel und der Kirchen zweifeln. Diese Vernunft, mein Gewissen und eigene Lebenserfahrungen geben mir die Möglichkeit, selbst zu entscheiden was ich glauben kann und was nicht. Ich kann mich auch selbst Gott anvertrauen, dazu benötige ich keine Kirche. Für mich ist daher ein „wahrer Glaube" nur ein persönlicher, freier, ehrlicher Glaube.

Glaube, Zweifel, Freiheit

Ich bin (noch) kein Atheist. Ich glaube an diesen einen GOTT, den Schöpfer, den Unsichtbaren, Unerreichbaren, der uns seinen Heiligen Geist schickt. Durch seinen Heiligen Geist ist Gott bei uns, zu jeder Zeit, an jedem Ort. Jesus ist nicht GOTT, sondern der Sohn der Maria und des Josef, er wurde durch den Heiligen Geist geführt und zu diesem besonderen Menschen, der zu uns gepredigt hat. Jesus kann wie alle Menschen als Kind Gottes bezeichnet werden, er selbst nennt sich Menschensohn. Ich glaube an diesen begnadeten Menschen Jesus Christus und liebe ihn für das, was er während seines kurzen Lebens zu den Menschen gesagt hat. Muss ich aber alles glauben, was uns die Hohepriester und Schriftgelehrten der christlichen Kirchen vorlegen? Nein. Wir brauchen persönlichen, ehrlichen, freien statt zentralistisch geregelten Glauben. Die Kirchen und ihre Mitglieder sollen ihren vorgeschriebenen Glauben haben, aber ich habe meinen eigenen Glauben. Bin ich deshalb ein schlechter Mensch, darf ich mich dann nicht mehr Christ nennen? Nein, auch ich bin ein Christ.

dpa Meldung (Mittelbayerische 16.12.22): mehr als 80% der Kirchenmitglieder meinen, dass man auch ohne Kirche Christ sein kann.

Glaube, Zweifel, Freiheit

Ich bin nicht frei von Zweifeln, aber ich fühle ich mich frei von Dogmen und brauche keine Autorität die mir sagt, was ich zu glauben habe.

Mein persönliches Glaubensbekenntnis lautet:

Ich glaube an GOTT,
den Vater, den Allmächtigen,
den Schöpfer des Himmels und der Erde.

Ich glaube an Jesus Christus,
den Menschensohn,
geboren von Maria, der Frau seines Vaters Josef,
geführt durch den Heiligen Geist,
gelitten unter Pontius Pilatus,
gekreuzigt, gestorben und begraben.
Seine Seele ist aufgefahren
zum allmächtigen Vater.

Ich glaube an Gottes Heiligen Geist,
die Vergebung der Sünden
und das ewige Leben der Seelen.

Amen.

Glaube, Zweifel, Freiheit

Das Apostolische Glaubensbekennnis lautet:

Ich glaube an GOTT,
den Vater, den Allmächtigen,
den Schöpfer des Himmels und der Erde.

Und an Jesus Christus,
seinen eingeborenen Sohn, unseren Herrn,
empfangen durch den Heiligen Geist,
geboren von der Jungfrau Maria,
gelitten unter Pontius Pilatus,
gekreuzigt, gestorben und begraben,
hinabgestiegen in das Reich des Todes,
am dritten Tage auferstanden von den Toten,
aufgefahren in den Himmel.
Er sitzt zur Rechten Gottes, des allmächtigen Vaters;
von dort wird er kommen
zu richten die Lebenden und die Toten.

Ich glaube an den Heiligen Geist,
die heilige christliche Kirche, Gemeinschaft der Heiligen,
Vergebung der Sünden, Auferstehung der Toten
und das ewige Leben.

Amen.

(Katholiken sagen statt „christliche": „katholische" Kirche)

Zusätzlich zu diesem gemeinsamen christlichen Glaubensbekenntnis haben die Kirchen viele Dogmen festgelegt, die die Menschen glauben sollen. Sie waren zu allen Zeiten Streitpunkte, darum werden diese Dogmen heutzutage nicht mehr öffentlich diskutiert.

Glaube, Zweifel, Freiheit

Diese Aussagen des Apostolischen Glaubensbekenntnisses kann ich nicht glauben:

Zeugung und Geburt Jesu

Warum ist es so wichtig, die Zeugung durch den Heiligen Geist zu behaupten? Es geschieht doch nur, damit anschließend gefolgert werden kann, Jesus sei göttlicher Herkunft und selber Gott. Die Besonderheit des Menschen Jesu aber liegt doch darin, was er getan und gesagt hat, wie er gelebt hat und wie er gestorben ist. Für mich ist Jesus der Sohn seines leiblichen Vaters Josef und seiner leiblichen Mutter Maria. Maria hatte neben Jesus weitere Kinder, war lange mit Josef verheiratet und daher ganz sicher keine Jungfrau mehr. Jesus selbst nennt sich häufig Menschensohn. Für mich ist es nicht notwendig dass Jesus „göttlich" ist. Frei von Erbsünde ist Jesus übrigens genauso wie alle anderen Menschen auch, denn die Erbsünde ist ein Märchen, eine Erfindung.

Auferstehung und Himmelfahrt

In den Anfangsjahren der Christenheit brauchte diese neue Religion etwas, dass die Menschen einerseits in Angst und Schrecken versetzte wie z.B. Fegefeuer und Hölle, andererseits ihnen aber Hoffnung auf ein besseres Leben nach ihrem mühseligen Leben auf Erden machte, z.B. Auferstehung, Himmelfahrt und Paradies. Verlockend waren diese Aussichten, verbunden aber mit der Pflicht, zu Lebzeiten gehorsam den Anweisungen und Vorschriften der Kirchen und ihrer Priester zu folgen. Das Konzil von Florenz (1442) hatte dazu erklärt, dass alle dem „ewigen Feuer" verfallen werden, die außerhalb der römisch-katholischen Kirche sterben, also Heiden, ungetauft sterbende Kinder, Juden, Ungläubige und von der Einheit mit dem Papst Getrennte, also mindestens die Hälfte der Menschheit. Das war eine klare, lächerliche Lüge, aber diese Lügenerklärung wurde von der katholischen Kirche erst 1964, nach 500 Jahren, zurückgenommen!

Glaube, Zweifel, Freiheit

Ich kann nicht an die leibliche Wiederauferstehung eines Toten glauben, weder an Jesu Auferstehung noch an die Auferstehung von uns übrigen Menschen. Der Gedanke an einen Tod ohne leibliche Wiederauferstehung macht mir aber auch keine Angst, denn ich weiß und akzeptiere, dass der Tod die logische Folge und der natürliche Abschluss des Lebens ist. Ich glaube nicht an Fegefeuer, ich bin jedoch überzeugt, dass wir in unseren Nachkommen weiterleben und ich glaube daran, dass unsere Seelen irgendwo weiterleben werden.

Die Dreifaltigkeit

Der „Kleine Katechismus des katholischen Glaubens" sagt: „In GOTT sind drei Personen: der Vater, der Sohn und der Heilige Geist.(...) Jede der drei Personen ist wahrer GOTT. (...) Die drei göttlichen Personen sind aber nur ein Gott". Auch die protestantischen Kirchen glauben an diese sogenannte Trinität Gottes. Ich kann das nicht glauben. Es wurde doch von den frühen Christen so konstruiert, um nicht das 1. Gebot zu verletzen: „Ich bin der Herr dein Gott, du sollst keine anderen Götter neben mir haben". Viele Bibelstellen sprechen gegen die Dreifaltigkeit.

Jesus, seine Worte und Predigten, wären doch nicht weniger wichtig, wenn er nicht GOTT wäre, nicht auferstanden und nicht in den Himmel aufgefahren wäre. Sie sind doch unabhängig davon für uns wichtig und wertvoll. Zu Zeiten der Apostel waren die Erzählungen über Wunder, die Jesus vollbracht hat und die Erhöhung des Menschen Jesus zu Gottes Sohn notwendig, um die neue Religion bei den Völkern des Orients und des östlichen Mittelmeeres überhaupt durchzusetzen. Als christlich erzogene Menschen haben wir die Evangelien, die Geschichten und Worte von Jesus kennengelernt. Jesus hat uns Barmherzigkeit, Nächstenliebe, Toleranz und Bescheidenheit gelehrt und vorgelebt.

Glaube, Zweifel, Freiheit

Für uns aufgeklärte, vernunftbegabte Menschen des 21. Jahrhunderts ist klar, dass wir entsprechend den Vorgaben von Jesus besser und gottgefälliger miteinander leben können. Um dieses zu erkennen, zu akzeptieren und danach zu leben brauchen wir aber den Status Jesu als GOTT nicht. Hätte Jesus nicht den Status, GOTT zu sein, hätte die Menschheit mit ihren vielen unterschiedlichen Religionen sehr viele Probleme weniger. Viele Dogmen der Kirchen würden entfallen. Sehr viele Menschen wären von Zweifeln befreit und könnten offen und ehrlich zu dem stehen, was sie wirklich glauben.

Wir dürfen auch ohne diesen „GOTT-Status" die Anhänger Jesu Christi sein und uns Christen bzw. christlich nennen. Wir sind seine Anhänger, weil er ein ganz besonderer, ein begnadeter, vorbildlicher, liebenswerter Mensch war. Wir sind doch nicht seine Anhänger geworden, weil behauptet wird, er sei GOTT.

6. Morsche Fundamente

Als morsche Fundamente, auf denen die christlichen Kirchen und besonders die katholische Kirche aufgebaut wurden, bezeichne ich neben den bisher schon genannten die folgenden Punkte:

Die Theologen:
Die Theologen versuchen, aus den uralten Erzählungen und Schriften den Willen Gottes zu erkennen und zu verstehen. Naturwissenschaftler dagegen versuchen, Gott durch das Studium seiner Schöpfung zu verstehen; deshalb sind für mich die Naturwissenschaftler die wirklichen „Theologen". Sie beschäftigen sich ausschließlich mit Gottes Werken und nicht mit uralten, zweifelhaften Menschenwerken.

Das Paradies:
Das Paradies ist unser herrlicher Planet Erde. Wir sind auf dieser Erde, um sie zu beschützen und den nächsten Generationen unversehrt weiterzugeben. Es gibt für uns kein Paradies außerhalb unserer Erde.

Die Erbsünde:
Ein orientalisches Märchen, das von den Kirchen dazu eingesetzt wird, die Gläubigen von Geburt an zu Sündern zu stempeln und ihnen Erlösung anzubieten. Es gibt keine Vererbung einer Sünde, schon gar nicht von Märchenfiguren wie Adam und Eva. Welch eine Anmaßung ist es, aus einem Märchen ein Dogma zu machen, dieses als „Wahrheit" zu präsentieren und die Gläubigen zu zwingen, es zu glauben.

Der Tod:
Der Tod gehört zum Leben. Er ist nicht das Ergebnis der Märchengeschichte von Adam, Eva und ihrer „Sünde". Er ist der natürliche Abschluss unseres Lebens. Wir brauchen uns nicht davor zu fürchten. Es gibt keinen Teufel, keine Hölle, kein Fegefeuer, keine ewigen Strafen. Das sind orientalische Märchen, die von den christlichen Kirchen zu „Wahrheiten" umgewandelt und zu Herrschaftszwecken missbraucht werden.

Morsche Fundamente

Der Sinn des Lebens:
Die christlichen Kirchen erzählen uns, ohne den Glauben an die Auferstehung habe das Leben keinen Sinn. Diese Aussage ist reiner Unsinn. Der Sinn unseres Lebens ist das Leben selbst, hier auf unserem Planeten Erde. Wir haben es für eine begrenzte Zeit bekommen und sind aufgefordert, das Beste daraus zu machen für uns, unsere Nachkommen und für die wunderbare Schöpfung.

Maria und Josef:
Die Bibel berichtet mehrfach, dass Jesus nicht das einzige Kind von Maria war. Maria war also nicht Jungfrau sondern Mutter und Ehefrau. Sie hatte Sex mit Josef wie jedes normale Ehepaar.

Die Apostolische Sukzession:
Die Behauptung einer wirksamen, ununterbrochenen Kette von Jesus und Petrus bis zu den aktuellen Päpsten und Bischöfen zur Weitergabe von Vollmachten ist unglaubwürdig. In der Ahnenreihe der Päpste und Bischöfe gibt es zu viele Verbrecher, um das glauben zu können.

Die Wandlung von Brot und Wein:
Die Lehre, ein Priester könne Brot und Wein in den realen Leib und Blut Jesu verwandeln, ist sehr unglaubwürdig. Die Behauptung der Wandlung eines von Menschen geschaffenen Gebäcks in den Allmächtigen Schöpfer der Welt sehe ich persönlich als Gotteslästerung an.

Die Bibel, das „offenbarte Wort Gottes":
In diesem Buch wurden viele Beispiele aus dem Alten und dem Neuen Testament vorgestellt, die diese Behauptung widerlegen. Die Bibel enthält neben geschichtlichen Ereignissen sehr viel orientalische Erzähl- und Fabulierkunst.

Mein Fazit: Organisationen, Gemeinschaften, Kirchen, die auf solchen morschen, unglaubwürdigen Fundamenten errichtet wurden, werden auf Dauer nicht bestehen können. Sie werden in Zukunft nicht mehr benötigt oder von den Menschen einfach ignoriert werden.

7. Bibliografie

Die Bibel.
Einheitsübersetzung der Heiligen Schrift. Gesamtausgabe.
Katholische Bibelanstalt GmbH, Stuttgart. 2020.

Die Bibel für Dummies.
Übersetzung aus dem Englischen.
WILEY-VCH Verlag GmbH&Co. KGaA, Weinheim. 2020.

Kleiner Katechismus des katholischen Glaubens.
P. Martin Ramm, FSSP
10. Auflage. Thalwil 2017.

Katholizismus für Dummies.
Übersetzung aus dem Amerikanischen.
WILEY-VCH Verlag GmbH&Co. KGaA, Weinheim. 2013.

Informationsblatt der Priesterbruderschaft St. Petrus.
Priesterbruderschaft St. Petrus e.V. 88145 Wigratzbad.

Kompendium der Glaubensbekenntnisse
und kirchlichen Lehrentscheidungen:
Enchiridion symbolorum definitionum et declarationum
de rebus fidei et morum.
Heinrich Denzinger,
Verlag Herder GmbH, Freiburg im Breisgau. 1999.

Der Unfehlbare. Pius IX.
und die Erfindung des Katholizismus im 19. Jahrhundert.
Hubert Wolf. Verlag C.H.Beck, München. 2020.

Lexikon der Theologie. Hundert Grundbegriffe.
Alf Christophersen, Stefan Jordan.
Reclam, 2004.

Der Vatikan. Sex, Lügen und Verbrechen.
Johannes Seiffert.
edition berolina, Berlin. 2019.

Das Geschäft mit der Sünde.
Ablass und Ablasswesen im Mittelalter.
Christiane Laudage.
Verlag Herder GmbH, Freiburg im Breisgau. 2016.

Der erste Christ.
Die Lebensgeschichte des Apostels Paulus.
Alois Prinz.
Beltz & Gelberg, Weilheim Basel. 2007, 2010.

Die Geschichte des Zölibats.
Georg Denzler. Verlag Herder GmbH.
Freiburg im Breisgau. 2016.

Kleine Geschichte der Ketzerei.
Markus T. Mall / Dierk Suhr.
Jan Thorbecke Verlag, Ostfildern. 2008.

Heilige Berge-Heilige Quellen.
Wallfahrtstätten in der Oberpfalz.
Günter Moser, Bernhard Setzwein.
Buch&Kunstverlag Oberpfalz. 2013.